新時代のマネジメントシステムを標榜する

内部監査の創造

株式会社GICジャパン代表取締役 兼 CEO
藤原 良勝［著］

丸善プラネット

著作権について

本書は、著作権法により保護されています。本書の一部又は全部について、著作者の許可なく引用・転載・複製等をすることを禁じます。

はじめに

　本書は、その対象を次の企業規模及び業種に絞り、その立場の方々を読者に想定しています。

企業規模：従業員数が10~500人程度の製造業の組織。

企業での立場：

・内部監査を利用し、組織の基盤整備、製品品質の向上及び製造工程の信頼性の向上、事業経営の仕組みの改善、並びにこれら活動の定着（日常習慣化）を考えておられる企業の経営者及び管理・監督者。
・内部監査のマンネリズム化及びその形骸化に悩み、内部監査の有効性の向上を模索中の内部監査事務局及び内部監査員等内部監査の関係者。
・顧客企業の業務改善等をご支援のコンサルタント及び認証機関の審査員。

　なお、本書は内部監査の有効性向上の方法を提案する内容です。内部監査の導入及び基礎的な監査手法等の解説をご希望の読者は、他の解説書をご参照ください。

　本書の出版目的は、現在の内部監査の抱える主要な課題を解決し、監査の視点から事業経営をより効果的に支援できる監査の方法を提案することです。

現在の内部監査が抱える解決すべき主要な課題は、

・ISO規格に基づく内部監査の仕組みの不自然さ。
　欧米の性悪説とは異なり、性善説に立つわが国の国民性を考慮した監査の仕組みを工夫し、監査の不自然さを解消する。
・ISOマネジメントシステムと企業の事業活動との乖離。
　ISOの認証登録・維持を目的としたシステム偏重のISO活動を製品の品質向上及び製造工程の信頼性向上に軸足をおく活動へ転換することにより、事業活動との統合を図る。
・内部監査のマンネリズム化及び形骸化。
　ISOの仕組みを含め、仕組みを反復慣用すれば必然的に陥るマンネリズム化及び形骸化を回避する方法を工夫する。

これらの課題を解決し、内部監査の有効性を向上させ、内部監査本来の目的を達成し、その効果を得る方法を提案します。

　本書は上記の課題解決のため、次の特徴的な3点を提案しています。

(1) 監査の不自然さの解消：内部監査を「指摘の場」から「課題解決の場」へ変革。
　監査の場を従来の監査員による「指摘の場」から監査側及び被監査側が協力して課題を解決する「課題解決の場」に変える。
(2) 事業活動との統合：3監査（**製品監査、工程監査及びシステム監査**）を含む**トレイル監査**の導入。
　ISOマネジメントシステムに軸足をおく監査から製品品質及び製造工程の信頼性に軸足をおく監査へ変えると共に材料、部品及び完成製品、製造工程及び関連するシステム（顧客管理、設計・開発及び購買管理等）を一気通貫で監査するトレイル監査を導入する。
(3) 監査のマンネリズム化及び形骸化の回避：**目標監査、及び監視・改善活動監査**の導入。
　組織の目標達成活動及び全ての監視・改善活動を監査の対象とし、目標達成率を向上させ、各監視・改善活動の有効性（効果）を向上させ、その効果を実感する。

　組織の内部監査の関係者は、この解説書で提案する監査方法をそのまま取り入れるのではなく、取捨選択（追加・削除）、改善し、より自組織に合った監査に工夫し、組織独自の新しいさらに有効性のある内部監査を創造して戴きたい。

　本書の構成は、全4編からなり、第1編「内部監査の課題」では、内部監査が抱える必然的、根源的な課題を確認します。第2編「内部監査の工夫」は、この解説書の骨格を成す部分です。現在の監査が抱える課題を解決するための種々の工夫を提案しています。第3編「内部監査の創造」では、それらの工夫を取り入れた創造的な監査の手順を解説、そして第4編「改正規格（JIS Q 9001:2015）に対する内部調査」では、2015年改正規格に対する監査の留意点を解説しました。

　企業経営者、管理・監督者、内部監査事務局、内部監査員、コンサルタント及び認証機関の審査員等多くの読者のご希望に添えるよう広範囲に亘る内部監査の課題をとりあげました。
本書が内部監査関係者及び読者の目的の達成に些かでも役立てることができれば幸いです。

　著者は、常に事象の「**自然合理性の追求**」を心掛けています。
事業活動についても「自然な考え方」及び「合理的な仕組み」は、その運用及び維持において無理、無駄がなく、容易で、効率がよく、これらを日常習慣化することにより、事業の目的を効率よく達成することができるものと考えています。

なお、本書は、『ISO 9001:2015 要求事項の解説とその有効活用』(2016年11月15日丸善プラネットより出版済) 及び『マネジメントシステムの次世代審査 (仮題)』(2021年出版予定) と共にISOの有効活用を主題とする三部作を構成しています。
次の解説書『マネジメントシステムの次世代審査 (仮題)』では、AI及びIoT等の新技術の普及、及びさらに急速な変化を遂げる社会に対応できるマネジメントシステム及びそのシステムの審査の方法を提案したく考えています。

　2019年4月

著　者

Dear readers,

This reference book, Creation of Internal Audit, authored by Mr Yoshikatsu Fujiwara is a timely and interesting publication that assimilate national characteristics of the Japanese values in the conduct of quality audits. Such understanding and realisation give clarity on the purpose and value-add to audit process and outcomes.

Mr Fujiwara is erudite and possessed deep knowledge of the ISO quality management systems standards. This publication will provide readers with a refreshed perspective on how internal audits and the ISO quality management systems contribute to an organisation's business growth and value creation.

As the founder of GIC Japan Co., Ltd, Mr Fujiwara is a respected member of the GIC Group of Companies who has consistently deliver effective certification services in Japan since 2003.

Guardian Independent Certification Ltd (GIC), established in the United Kingdom in 1993, is a global certification body with a network of more than 20 representative offices around the world, delivering management systems certification and training services. GIC has issued more than twenty thousand certificates in more than 30 locations in Asia Pacific, Europe, Americas, Middle East and Africa, employing more than a thousand auditors and technical experts.

This publication, through its four sections engages readers about issues on organisations' perception of the value of internal audits and quality management systems in current business landscapes in Japan. Mr Fujiwara's ingenuity in addressing these issues and their resolutions are insightful and pragmatic.

I congratulate Mr Fujiwara on this publication. I am confident that readers will have a meaningful learning journey with this publication.

Martyn Chew
CEO
GIC Group

28 February 2019

April 4th 2019

Dear reader

I am honored to write the recommendation for *Creation of Internal Audits* based on ISO 9001:2015 and ISO19011:2018 revised new standard. Mr Yoshikatsu Fujiwara, the author, has been consulting and performing audits in Japan for 24 years and has developed valuable insight into the process of performing internal audits which he will share in this book. *Creation of Internal Audits* will help and support many managers and auditors to improve their performance of business audits.

Creation of Internal Audits is composed of 4 sections: the first section gives an overview of today's issues on internal audits in Japan, the second has a detailed description of methods of solving those issues, the third proposes one effective internal audit, the last section shows one application of internal audit to new requirements of new standard, ISO 9001:2015. This book will provide effective advice for many managers, auditors and readers. I recommend this book to many readers with full confidence.

Mr. Fujiwara worked at The Boeing Company, on design of the B767 airplane Propulsion System at the Boeing Everett Washington facility. After initial design efforts concluded and the first B767 airplane was launched in Jan. 1981, Mr. Fujiwara transitioned to the Corrosion Technology Group at BMT (Boeing Material Technology) and issued many reports investigating corrosion on aircrafts B727, B737 and B747 airplanes. Mr. Fujiwara was very much appreciated for his contributions to aerospace corrosion technology of The Boeing Company.

Mr. Yoshikatsu Fujiwara and I studied methods of preventing corrosion on various aluminum alloys at the Corrosion Technology Group of BMT. He enjoyed beautiful Seattle while working there.

S. C. Waller
Former researcher
Boeing Materials Technology
The Boeing Company

Drogi Czytelniku,

Autora tej książki, pana Yoshikatsu Fujiwara, znam już od 20 lat. Poznaliśmy się w 1999 roku podczas mojej pierwszej wyprawy do Japonii i do dziś pozostajemy w bliskim kontakcie. Przez ten czas wielokrotnie służył mi pomocą i wsparciem.

Niniejsza książka jest już drugą pozycją autorstwa Yoshikatsu Fujiwary. Jest ona wynikiem wielu lat studiów i doświadczeń praktycznych w zakresie konsultingu i audytu. Autor zajmuje się w niej wykorzystaniem audytów wewnętrznych w procesie usprawniania systemu zarządzania jakością w przedsiębiorstwie ze szczególnym uwzględnieniem specyfiki małych i średnich firm działających w Japonii.

Jestem przekonany, że kompendium to będzie służyć menedżerom, audytorom oraz wszystkim osobom zajmującym się systemami zarządzania jakością w przedsiębiorstwach.

Chciałbym wyrazić radość z publikacji niniejszej książki i życzyć jej Autorowi jeszcze wielu lat aktywności i sukcesów.

7 kwietnia 2019 roku

Piotr Milewski

Piotr Milewski
Pisarz i dziennikarz
Warszawa, Polska
piotrmilewski.com

Autor:
"Transsyberyjska. Drogą żelazną przez Rosję i dalej" (2013)
"Dzienniki japońskie. Zapiski z roku Królika i roku Konia" (2015)
"Islandia albo najzimniejsze lato od pięćdziesięciu lat" (2018)

推薦文

読者へ （ポーランド語の訳文）

　著者の藤原良勝氏とは、小生の初めての来日時にお会いしてから、これまで20年近くの親交があり、様々な面でサポートいただいている。

　本著は、藤原氏の永年のコンサルティング及び審査の経験とその研究成果の集大成としての2冊目の本である。
品質マネジメントシステムの向上における内部監査の重要性を喚起し、特に日本民族の「和の精神」及び中小企業の特徴に基づいた提言が大変参考になる。

　本著が、多くの企業経営者、管理・監査者及び品質保証に関わる方々の参考書として広く読まれるものと確信している。

　藤原氏の益々の活躍と飛躍を期待し、ポーランドの地より声援を送ると共に、本著の出版を心から祝福する。

2019年4月7日

　　　　　　　　　　　　　　　　　　ピオトル　ミレフスキ
　　　　　　　　　　　　　　　　　　　作家・ジャーナリスト
　　　　　　　　　　　　　　　　　　　ワルシャワ、ポーランド
　　　　　　　　　　　　　　　　　　　著作
　　　　　　　　　　　　　　　　　　　『シベリア鉄道の旅』（2013）、
　　　　　　　　　　　　　　　　　　　『日本探検記』（2015）及び
　　　　　　　　　　　　　　　　　　　『アイスランド』（2018）等著書多数

本書の利用法

1. 本書の利用法

　本書は、全4編から構成されています。
前述のように第1編で現在の内部監査が抱える必然的、根源的な課題を明らかにし、第2編でそれらの課題を解決する監査の工夫を提案し、第3編ではその工夫を実際の監査の手順に組入れた創造的な監査方法を提案しています。
第4編では2015年の改正規格に対する監査の留意点を解説しています。

　本書の構成をご理解のうえ、第1編から順次、第2編、第3編へ読み進んで戴く、又は、第1編を後にし、第2編から、又は、第3編から読み進んで戴くこともできるよう、全編が独立した構成となっています。いずれの編から読み進んで戴いても結構です。
本書の第2編が今回の提案の中心となっています。第2編の主要な章から、即ち、第2章、第3章から第4章へと順に読んで戴いても、また、読者の夫々の目的に応じ必要な部分（章・節・項）を必要な時に見て戴くなり、読者の種々の目的に合わせ自由に利用して戴くことができます。

　なお、内部監査の解説を進める上で明確にする必要のある用語、例えば、審査と監査、検証とレビュー、及び是正処置と再発防止処置等の類似用語を第1編第3章「用語の定義」に纏めました。参考にしてください。

2. 環境マネジメントシステム（EMS）の内部監査について

　本書は、中小企業、かつ製造業の主に品質マネジメントシステム（QMS）を想定し解説していますが、内部監査の仕組みではQMSとEMSに差異はなく、差異は、各々の要求対象・事項が多少異なることです。
EMSの監査では、製品又はサービスのライフサイクルの視点から、環境に関する要求事項（顧客要求事項、法規制及び組織自身の要求事項等）への適合性及び次の視点から製品、工程及びシステムを監査します。
・製品監査：使用材料、部品及び製品の設計にライフサイクルの視点から環境負荷の軽減
　が考慮されているか？

それらのリユース（Reuse －再使用）、リサイクル（Recycle －再利用）及びリデュース（Reduce －削減）が考えられているか？
・工程監査：製造工程の工程設計に環境負荷の軽減が考慮されているか？
工程で使用する資材（電気・ガス等使用エネルギー、潤滑油及び溶剤等消耗品、工具及び機械設備等）のリユース、リサイクル及びリデュースが考えられているか？
製造工程の環境設定に環境負荷の軽減が考慮されているか？
・システム監査：製品及び製造工程に関連するシステムの設計及びシステムの運用に環境負荷の軽減が考慮されているか？
・トレイル監査：QMSの監査と変わりはない。
・目標監査及び監視・改善活動監査：目標の達成活動及び監視・改善活動に環境負荷の軽減が考慮されているか？　これらの活動に使用される資材のリユース、リサイクル及びリデュースが考えられているか？
目標の一部に環境負荷の軽減に関する目標が含まれているか？
目標達成及び監視・改善活動の効果・効率の視点から改善の余地はないか？
これらを考慮することによりEMSの内部監査にも本書を参考とすることができます。
製品監査、工程監査及びシステム監査等については第2編で解説しています。

3. サービス業の内部監査について

　本書は、上述のように中小企業、かつ製造業を対象としました。
サービス業の内部監査では、本書で監査の対象とした製造業の製品、製造工程及びシステムをサービス業では、製品をサービス、製造工程をサービス提供の工程（過程）及びシステムを同じくサービス提供のためのシステムと読み替えて戴くことにより本書を利用することができます。
また、サービス業の監査では、サービスそのものに関する要求事項（顧客要求事項、法規制及び組織自身の要求事項等）への適合性及び次の視点からサービスそのもの、サービス提供の工程及びこれらに関連するシステムを監査します。
・サービスそのものの監査：サービスそのものに関する要求事項への適合性。
・サービス提供工程の監査：サービス提供工程に関する要求事項への適合性及びサービス提供工程の信頼性。（サービスの品質・効果・効率の安定性）
・システムの監査：サービスそのもの及びサービス提供工程に関連するシステムの信頼性。
これらの点を考慮して戴ければ、サービス業の内部監査にも本書を参考とすることができます。

「信頼性」の定義は、「本書の記述上の約束事及び使用する用語について」をご参照ください。

4．図表リスト

本書に記載した図及び表を編及び章ごとに巻末に整理しました。ご利用ください。

5．用語索引（五十音順）

ISOの規格類に使用されている主要な用語及び本書で使用した重要な用語の検索用リストを巻末に整理しました。ご利用ください。

6．参考資料リスト

本書で引用した資料及び読者の参考となる資料を巻末に纏めました。ご利用ください。
また、各章の章末に「ブレイクタイム」を入れ、休み処としました。
多くの読者から好評を得ましたので再びブレイクタイムを設定しました。

本書の記述上の約束事及び使用する用語について

　本書の記述上の約束事を明確にし、解説で使用する用語及び略語を次のように定義（意味・解釈を統一）し、解説意図がより明確になるよう配慮しました。

1. 文書の記述上の約束事

(1) 他の文書からの引用文の文中では、用語の略語を使用せず、元の用語をそのまま使用する。

(2) 各編及び各章の初出の用語は略語を使用せず、用語そのままを使用し、以後は原則略語を使用する。

　　但し、前後の文章の内容から判断し用語をそのまま使用するのが適切と判断する場合は用語をそのまま使用する。

　　（例）初出の場合は、「内部監査」、次からは原則「監査」を使用する。

(3) 図及び表の番号（採番）は、編、章ごとにその追番（01、02～05）をとる。

　　（例）第2編第3章の最初の表の場合、表2-3-01とする。
　　　　　第2編第4章の2番目の図の場合、図2-4-02とする。

2. 使用する用語、略語及びその定義

　本書で使用する用語、略語及びその定義（意味・解釈）を次のように統一する。

・品質マネジメントシステム：QMS
・環境マネジメントシステム：EMS
・認定機関：JAB（日本適合性認定協会）、UKAS（英国適合性認定協会）及びJAS-ANZ（オーストラリア・ニュージーランド適合性認定協会）等の認定機関
・認証機関：JQA（日本品質保証機構）等審査・登録（認証）機関
・認証組織：ISOの認証を取得し、認証登録を維持している企業又は組織
・旧規格：JIS Q 9001:2008（ISO 9001:2008）及びこの規格以前の規格
・改正規格又は新規格：JIS Q 9001:2015（ISO 9001:2015）

　文章中、新旧規格の区別をする必要のある場合は、「旧規格」又は「改正規格又は新規格」と記述し、新旧規格の区別をする必要がなく、一般的な「規格」を意味する場合は、唯「規格」と記述する。

・改正：JIS Q 9001:2008からJIS Q 9001:2015への規格の改訂を指す。

　JIS規格では、「改訂」及び「改定」は使用されず、「改正」の用語に統一されているのでその表記に合わせる。

- 改訂：文書又は文章の一部の変更。「改定」の用語は、使用しない。
- 品質マニュアル：JIS Q 9001:2008 4.2.2項に規定の（従来型）品質マニュアルをいう。
- 規程・手順書：規程類及び手順書類等の文書化された情報の総称。
- 規定と規程：文書化された個々の決まりを示す場合は規定を用い、それらの集合体（標準書）を示す場合は、規程を用いる。また規定は動詞（規定する）として使用する。
- 帳票：帳票及び様式を含め帳票と表記する。
- 部門と部署：組織を構成する部門又は部署の用語は、部門は使用せず、部署を使用する。
  『広辞苑』第6版より
  　部署：役目を割り当てる、また割り当てられた持場。
  　部門：全体を区分けした各々の部分。
- 再発防止処置：再発防止対策を含め、「再発防止処置」を使用する。
  是正処置はその意味する内容が曖昧なため極力使用しない。（本文中で詳細を説明）
- 課題：検討又は/及び解決しなければならない事象。（事実と現象）
  クレーム及び社内不良等不適合、仕組み及び組織の懸案事項、新技術及び新商品の開発並びに新市場の開拓等戦略的挑戦事項等をいう。
- 製品の構成：材料及び部品とし、半製品の用語は使用しない。
- 事象：事実と現象をいう。
- 信頼性：事象を意図（目的）した品質水準（QCDSEの水準）に効果的、効率的及び安定的に継続できるという安心の程度。
- 効果がある：意図した目的の一部又は全部が達成されること。（風邪薬の効きめがある）
- 効率：達成効果÷投入した資源。（風邪薬の効きめの程度）
  （例）一服飲めば治る薬と二服飲んで治る薬では、一服飲めば治る薬の方が効率が良いことになる。
- 全要求事項：その対象に求められる顧客要求事項、法規制及び組織自身が定めた要求事項等の全ての要求事項を含む。
- マネジメントシステム：原則として、文書管理システム及び購買管理システム等組織のマネジメントに係るシステムの集合体をいう。（第1編第3章「用語の定義」参照）
- 工程：工程（過程）及びプロセスを合わせ工程という。

目　次

はじめに …………………………………………………………………… iii

推　薦 ……………………………………………………………………… vi

本書の利用法 ……………………………………………………………… x

本書の記述上の約束事及び使用する用語について ………………………… xiii

第1編　内部監査の課題 ……………………………………………… 1

第1章　中小企業の内部監査の現状 ………………………………… 3
第2章　内部監査の根源的な課題とその解決策 ……………………… 8
　2.1　マネジメントシステムに偏重した監査に由来する課題とその解決策 … 8
　2.2　わが国の国民性に由来する内部監査の課題とその解決策 ………… 9
　2.3　内部監査の活性化対策（目標監査の導入）………………………… 11
第3章　用語の定義 ………………………………………………… 14
　3.1　監査と審査 ……………………………………………………… 15
　3.2　検査、測定、試験及び監視 …………………………………… 17
　3.3　検証、レビュー、評価及び判定 ……………………………… 19
　3.4　是正と改善及び是正処置と再発防止処置 …………………… 20
　3.5　製品監査、工程監査及びシステム監査 ……………………… 22
　3.6　トレイル監査 …………………………………………………… 24
　3.7　マネジメントシステム、システム及びプロセス等 …………… 25
　参考　文書、文章及び文の作成 …………………………………… 29

第2編　内部監査の工夫 ……………………………………………… 33

第1章　「指摘の場」を「課題解決の場」へ変換するための工夫 …… 35
　1.1　監査の場での課題解決の手順 ………………………………… 35
　1.2　参加者の役割 …………………………………………………… 36
　1.3　監査員の資質と監査力量 ……………………………………… 38

	1.4 留意事項	39
第2章	3監査導入の意義	48
	2.1 ISO規格の要求	48
	2.2 認証機関の審査	49
	2.3 認証組織の内部監査	49
	2.4 3監査及び種々の監査の導入の意義	50
第3章	製品監査と改善	56
	3.1 製品監査の説明	56
	3.2 製品監査の手順	59
	3.3 製品監査の事例	62
	3.4 製品監査からの改善事例	64
第4章	工程監査と改善	72
	4.1 工程監査の説明	72
	4.2 工程監査の手順	73
	4.3 塗装工程の監査事例	77
	4.4 在庫管理の監査事例	81
	4.5 特殊工程等の監査での確認事項	85
第5章	システム監査と改善	99
	5.1 システム監査の説明	99
	5.2 システム監査の手順	100
	5.3 システム監査の事例	101
	5.4 システム監査からの改善事例	104
第6章	トレイル監査	110
	6.1 トレイル監査の説明	110
	6.2 トレイル監査の手順	112
第7章	目標監査（目標の達成監査）	118
	7.1 目標管理に関する役割分担	119
	7.2 目標（Goal）の設定	119
	7.3 実行計画（Plan）	122
	7.4 実施及び進捗管理（Do 及び Check）	123
	7.5 活動結果の評価及び再計画（Act）	123
第8章	監視・改善活動の内部監査	129
	8.1 安全衛生パトロールの内部監査	129

8.2	「顧客による工場監査」の内部監査	131
8.3	「顧客満足度調査」の内部監査	132
8.4	「KY（危険予知）運動」の内部監査	133
8.5	小集団活動（QCサークル）の内部監査	134
8.6	委員会（プロジェクト）活動の内部監査	134
8.7	内部監査の一般的な活性化法	135

第3編　内部監査の創造 ········· 141

第1章　監査計画と監査準備（監査前） ········· 145
- 1.1　監査重点事項の設定 ········· 145
- 1.2　監査の創造（監査方法の選定） ········· 146
- 1.3　監査頻度及び監査時期の設定 ········· 146
- 1.4　監査チームの編成 ········· 147
- 1.5　監査計画書及びスケジュールの作成と通知 ········· 147
- 1.6　監査準備 ········· 149

第2章　監査の実施（監査の場） ········· 152
- 2.1　監査開始会議（オープニングミーティング） ········· 152
- 2.2　監査の実施（監査の場） ········· 152
- 2.3　監査結果の纏め（纏め会議の開催） ········· 157
- 2.4　終了会議（クロージングミーティング） ········· 157

第3章　再発防止処置、改善及び日常習慣化（監査後） ········· 162
- 3.1　再発防止処置 ········· 162
- 3.2　提案（弱点）の改善 ········· 164

第4章　現品の処置及び水平展開 ········· 167
- 4.1　修正を含む現品の処置 ········· 167
- 4.2　水平展開の要否と展開範囲 ········· 168

第4編　改正規格（JIS Q 9001:2015）に対する内部監査 ········· 171

第1章　改正規格の主な改正点とその内部監査 ········· 172
第2章　改正規格の新たな要求事項に対する内部監査 ········· 178

図表リスト ……………………………………………………… 183
用語索引（五十音順） ………………………………………… 184
参考資料リスト ………………………………………………… 185

第1編　内部監査の課題

　第1編では、先ずその第1章で日本の中小企業の内部監査が必然的に陥る現象を述べ、第2章でその根源的な課題を明らかにし、解決策の概要を解説する。解決策の詳細は第2編の「内部監査の工夫」で解説する。また、第3章で内部監査に関連し、慣用される用語の定義を説明する。

　品質保証又は品質マネジメントシステムの国際規格、ISO 9001 シリーズが1987年に制定されて以来、約30年になる。
この間の社会環境及び企業を取巻く事業環境の変化からの必然性、並びにISO認証取得企業（以後、**認証組織**という）及び審査登録機関（以後、**認証機関**という）等関係者からの要請により、最初の品質システム規格（ISO 9001～9003:1987）から現在の品質マネジメントシステム規格（ISO 9001:2015）に至るまで計5回（JIS Q 9001規格では6回）の改正が行われた。
当該シリーズ規格の基本理念及び規格の根幹をなす主要な規格要求事項は変わらないものの、その枝葉となる要求事項は、規格改正の都度、少なからず変更され、その要求事項に基づく品質システム又は品質マネジメントシステム（仕組み）もそれなりに改善されてきた。

　然しながら規格制定後30年という月日を経て、当時優れた品質システム又は品質マネジメントシステムと評価された仕組みもそれ自体の制度疲労を生じ、本来の目的とした製品の品質保証及びそのための品質マネジメントシステム（以後、**QMS**という）の運用において幾多の不都合（欠陥）が生じている。
不都合の元となる規格要求事項のうち、特に内部監査については、1987年の規格制定以来その要求内容に大きな変更及び改善もされず、内部監査の有効性の低下、監査の創造性の消失（マンネリズム化）及び形骸化等の欠陥現象が顕著になってきている。

著者には、特に日本の中小企業に対する内部監査の仕組みの不合理性及びその運用上の不自然性が強く感じられる。
今回、製品の品質向上（品質保証）及び事業活動を支援するQMS（仕組み）の改善に視点をおき、内部監査の運用上の不自然性を解消し、内部監査の有効性を向上させる方法を提案する。

（参考）
制度疲労：従来の制度が社会の実情に合わなくなり弊害が生じること。またその弊害。
　　　　　　　　　　　　　　　　　　　　　　　　　　（『広辞苑』第7版による）

第1章　中小企業の内部監査の現状

　この章ではわが国の中小企業の内部監査が必然的に陥る現象を述べ、内部監査の改善の必要性を明らかにする。

　著者は1995年より約20年余、QMSを初めとするISOマネジメントシステムの構築コンサルティング、認証登録のための第三者審査及び認証機関の運営・経営に携わり、多くの組織のQMS及び環境マネジメントシステム（以後、EMSという）等のマネジメントシステムの導入及び運用を具に体験し見聞してきた。そしてISOマネジメントシステムが、それを運用する組織の事業経営に多大な貢献をしてきたと確信している。

　一方、QMS運用の効果について製品品質の向上及び品質保証上の期待外れ、並びに、組織の事業活動とマネジメントシステムの運用との乖離及び内部監査の有効性の低下等について改善すべき課題がQMSの長期の運用の結果鮮明になった。
これは、認証組織の経営者、管理・監督者及びISO運用の関係者のみならず、認証機関及びその審査員も等しく感じている処である。
これら課題のうち内部監査は、QMS規格のみならず他の全てのISOマネジメントシステム規格でもそのマネジメントシステムを構成する重要な要素として規定され、その実施が要求されている。今回提案の監査の工夫により、内部監査の有効性が改善されればその効果は計り知れない。
特に日本の中小組織における内部監査の有効性については、早急に改善すべき課題であると考えている。

　組織がISOを導入する目的の一つでもある認証登録及びその維持のため、内部監査は必ず必要で、必然的に次のような経過を辿ることとなった。
ISOの認証登録を担当する認証機関の審査は、ISOマネジメントシステムの認証登録及び認証の維持の可否判定のため、規格要求事項であるマネジメントシステム（仕組み）への適合性に照準を合わせた審査とならざるを得ない。
また、認証組織は、同じく認証登録の登録及び維持のため、認証機関による毎年の定期審査を受け、審査時には規格要求事項であるマネジメントシステム（仕組み）の運用及び規格要求事項への適合性が確認される。その認証機関の審査で規格要求事項に係る指摘を受けることのないよう、組織の内部監査も自ずと規格要求事項のマネジメントシステムに軸足をおいた監査を行うこととなる。
認証組織の内部監査が、上述のように規格要求事項であるマネジメントシステム（仕組み）

への適合性に重点をおいた監査の繰り返しとなり、認証登録後、内部監査の回数及び年を経るに従い形式的な内部監査に陥る。その結果、内部監査での指摘内容も創造性のない課題、同じ視点からの軽微、些細な類似指摘が多くなり、内部監査に期待した効果が実感できないまま義務的に、惰性で監査を継続することにより内部監査のマンネリズム化、その形骸化の過程を辿ることになる。

特にQMSの監査の視点が、製品品質の向上及び工程の効果・効率・改善等に向かず、したがって製品の品質も向上せず、工程の改善が進まず、結果としてマネジメントシステムの運用と事業活動との乖離が進むこととなる。

　このようなマンネリズム化そして形骸化を防ぎ、内部監査を活性化させるため、各組織では表2-8-03に示すような種々の内部監査の活性化策が試行されているが状況に大きな変化、改善効果は見られない。

　これらの欠陥現象の原因として、経営層の熱意、支援及び理解不足、充分な監査時間の確保の難しさ、監査の準備不足、監査員の力量（感性、改善点の検出能力等）不足、被監査部署の協力不足等多くの要因が考えられるが、今回はもっと必然的、根源的な課題について著者の見解を提示し、組織の内部監査の改善の原動力としたい。

多くの組織が辿る内部監査の宿命を図1-1-01「内部監査の宿命」及び内部監査の課題を図1-1-02「内部監査の課題と提案」に示す。

> この章のまとめ
> QMSの運用及び内部監査がマネジメントシステム（仕組み）に偏重した結果、QMSの運用が事業活動から乖離、内部監査のマンネリズム化及び形骸化が進み、QMSの運用に期待した製品の品質向上（品質保証）の効果がない。
> 本来、QMSの運用を監視し、改善する役割の内部監査がその機能を果たさず、その改善（活性化）が急務となった。

図 1-1-01　内部監査の宿命

組織の ISO 認証の登録及び維持（ISO 導入の一つの目的）
　　│　　規格要求事項に基づく仕組み（マネジメントシステム）を構築し、継続して運用する
（そのために）
　　↓

認証機関の審査を受審
　　│　　審査では登録及び維持のため規格要求事項への適合が確認される
（そのために）
　　↓

規格要求事項の実施と順守
　　│　　審査で指摘されないよう、規格で要求のマネジメントシステムを忠実に運用する
（そのために）
　　↓

内部監査でも規格要求事項の実施とその適合性を確認
　　│　　監査も当然、常に規格要求事項への適合に照準を合わせた監査となる
（そのために）
　　↓

製品の品質向上及び工程の信頼性向上への関心が消失
　　　　内部監査の視点が規格要求事項（システム）に偏重となり、
　　　　製品の品質向上及び工程の信頼性（工程の品質及び効果・効率の安定性）向上に効果
　　　　がなく、この状態の継続で事業活動との乖離が進む

（その結果）
　　↓

内部監査のマンネリズム化及び形骸化が常態化
　　　　認証登録及び維持のための内部監査を継続し、監査のマンネリズム化、形骸化が
　　　　常態化する
（そのために）
　　↓

内部監査の抜本的な改善が必要となる

図 1-1-02　内部監査の課題と提案

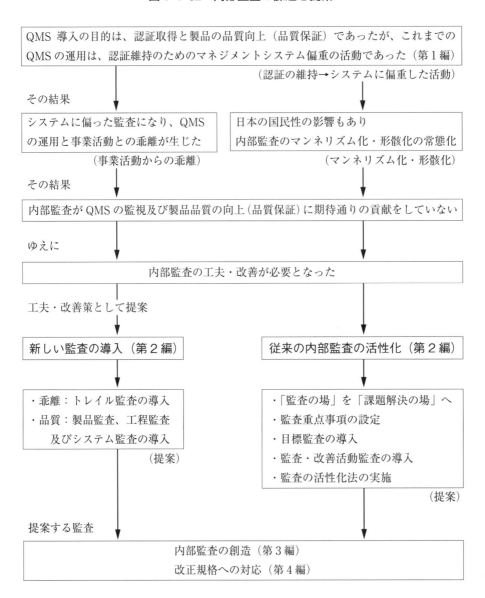

Break Time

「扶氏医戒之略」（12ヶ条）　　緒方洪庵（1810-1863）

フーフェランド（ベルリン大学教授、1764-1836）の著書『Enchiridion Medicum』のオランダ語訳を洪庵が『扶氏経験遺訓』全30巻に和訳した。
この遺訓の医者に対する巻末の戒め部分を12ヶ条に要約し、洪庵の私塾、適塾の門人達への教えとした。

一、医の世に生活するは人の為のみ、おのれがためにあらずということを其業の本旨とす。安逸を思はず、名利を顧みず、唯おのれをすてて人を救はんことを希ふべし。人の生命を保全し、人の疾病を復治し、人の患苦を寛解するの外他事あるものにあらず。

一、病者に対しては唯病者を見るべし。貴賎貧富を顧ることなかれ。長者一握の黄金を以て貧士双眼の感涙に比するに、其心に得るところ如何ぞや。深く之を思ふべし。

一、病者の費用少なからんことを思ふべし。命を与ふとも、其命を繋ぐの資を奪はば、亦何の益かあらん。貧民に於ては茲に斟酌なくんばあらず。

等の12ヶ条に纏められている。

第2章　内部監査の根源的な課題とその解決策

　この章では、マネジメントシステムに偏重した内部監査、わが国の国民性及び内部監査の活性化の視点から内部監査を検証し、現実の内部監査に内在する根源的な課題を明らかにし、その解決策を提案する。

2.1　マネジメントシステムに偏重した監査に由来する課題とその解決策

　従来監査には、**製品監査、工程監査**及び**システム監査**の3監査があった。QMS の旧規格、ISO 9001:1994 (JIS Z 9901:1994)「品質システム－設計、開発、製造、据付け及び付帯サービスにおける品質保証モデル」の 4.17 項で「内部品質監査」が要求されており、同規格の付属、参考「品質管理と品質保証の規格－用語」の定義「品質監査」において、「品質システム監査」、「プロセス品質監査」及び「製品品質監査又はサービス品質監査」の3監査が定義されていた。
然しながら、QMS 規格が品質システム規格（ISO 9001:1994）から品質マネジメントシステム規格（ISO 9001:2000）へ変遷する過程で「マネジメントシステム」ゆえに、製品監査及び工程監査の存在が薄くなり、その結果システム監査（マネジメントシステム監査）のみが重視、偏重される結果になってしまった。

（参考）
QMS 規格の表題の変遷
ISO 9001:1987 から ISO 9001:1994 までの規格の表題は「品質システム－設計、開発、製造、据付け及び付帯サービスにおける<u>品質保証モデル</u>」であったが、ISO 9001:2000 規格より表題は「<u>品質マネジメントシステム</u>－要求事項」になった。なお、下線は著者が追加した。

　また、第1章でも述べたが、ISO 認証登録の登録又は維持の可否判定を目的とした認証機関の審査、及び認証機関の審査を意識した認証組織の内部監査でも専ら適用規格の要求事項であるマネジメントシステムの適合性の検証に重点がおかれ、製品品質の向上及び製造工程の改善等への視点及びこれらへの関心が不十分な結果となってしまった。
その結果、QMS を長期に亘り運用しても製品品質の向上及び製造工程の改善に繋がらないという期待外れの不満が多々生じることとなった。（**製品品質の向上不足**）
また、QMS の運用及び関連する活動が製品及び製造工程等事業活動に直結せず、QMS の運用と組織の事業活動（プロセス）との統合がいつまでも進まず、所謂、ダブルスタンダードが解消されない弊害が継続することとなった。（**QMS 運用と事業プロセスとの乖離**）

顧客要求事項、法規制及び組織の定めた要求事項等を満たす製品を継続的、安定的に提供するために製造工程があり、それを長期に亘り安定して可能にするためにマネジメントシステムがある。これらを認識した夫々の監査が実施されるべきである。
さらに言えば、先ず製品品質の向上、製造工程の信頼性向上を目的とすれば、3監査のうち、特に製品監査及び工程監査が重視されるべきである。

今回、従来のシステム監査に加え、製品監査及び工程監査の3監査、さらにこれら3監査にトレーサビリティを介して総合的に監査するトレイル監査を導入した内部監査の実施を提案する。
第2編において、これらの監査を詳しく解説する。

解決策：製品品質の向上、工程の信頼性（工程の品質及び効果・効率の安定性）向上及びQMSの運用と事業活動との乖離の課題には、3監査及びトレイル監査の導入で解決する。

(参考)
自動車産業用セクター規格である ISO/TS 16949:2009「品質マネジメントシステム－自動車生産及び関連サービス部品組織の ISO 9001:2008 適用に関する固有要求事項」の 8.2.2 項において「内部監査」が要求され、この内部監査では、「品質マネジメントシステム監査」（8.2.2.1 項）、「製造工程監査」（8.2.2.2 項）及び「製品監査」（8.2.2.3 項）の3監査が規定されている。
またこの規格は、2016年10月に改正され、新たに発行された IATF 16949:2016「自動車産業品質マネジメントシステム規格－自動車産業の生産部品及び関連するサービス部品の組織に対する品質マネジメントシステム要求事項」においても旧規格同様、「品質マネジメントシステム監査」（9.2.2.2 項）、「製造工程監査」（9.2.2.3 項）及び「製品監査」（9.2.2.4 項）の3監査が要求されている。

2.2　わが国の国民性に由来する内部監査の課題とその解決策

　わが国を含む東アジア及び東南アジアの民族は、北欧及び東欧の狩猟民族とは異なり、農耕民族である。
8世紀から11世紀に亘るバイキングの中近東の国々までに及ぶ他民族への略奪行為、並びに15世紀から17世紀に亘る大航海時代から始まるアフリカ大陸、南北アメリカ大陸及び一部東南アジアにおける他民族の征服及び奴隷化等に代表される北欧及び東欧の狩猟民族とは異なり、東南アジア及び東アジアの民族は稲作を主体とする農耕民族である。
農耕には多くの仲間の相互協力が必要であり、自ずと協働・協調の精神が古来より醸成さ

れてきた。協働・協調社会では、それを構成する仲間及び協働作業に関連する事項の不備・欠点を指摘するのは協調の精神に反し、自ずと指摘を控える習性が定着している。

　特にわが国では、聖徳太子の「十七条憲法」の第1条「和をもって貴しとし、忤うことなきを宗とせよ。──」で始まる「和の精神」、並びに他を思い遣る仏教及び敬老を貴ぶ儒教精神が古来より尊重・尊敬される風土である。
このような地理的、民族的な特徴がある特にわが国においては、協働・協調の精神に反し、仲間の不備を指摘するISO規格の要求する内部監査の仕組みはそもそも受け入れ難いものであり、その定着は甚だ難しいことが容易に理解できる。
わが国において、監査の仕組みが比較的定着していると考えられるのは、その導入の歴史も古く、目的が明確、対象が狭く具体的、かつ、法規制のある会計監査ぐらいである。
したがって、内部監査の仕組みを充分、有効に活用するにはわが国の国民性を考慮した、何らかの工夫が必要である。

　一方、内部監査で検出された不適合等の修正及び是正処置の実施者について、2015年版より次のように変更された。
2015年度版：9.2.2 e）項「遅滞なく、適切な修正を行い、是正処置をとる。」と修正及び是正処置の実施者の記述がない。
2008年度版：8.2.2項「内部監査」では、「監査された領域に責任を持つ管理者は、検出された不適合及び──」と実施者を規定されていた。
これは2000年度版、1998年度版（JIS規格）及び1994年度版も同じである。
従来、監査の場では、監査員は不適合等を指摘するのみでその不適合等の修正及び是正処置等には関与できなかった。これまで不適合等の是正は被監査部署が担当し、監査員はできないとの解釈であった。これは、「監査員は、自らの仕事を監査してはならない。」と同様、「自らに対する甘さの存在」を前提として、「自らの指摘に対する甘い是正処置をしてはならない。」との解釈に基づくのではないだろうか。
しかし、2015年度版の改正規格では実施者の規定がなく、強いて言えば誰でも可能になった。
今回の提案はこの規格の変更を活かし、監査の場で不適合等の指摘と共に修正及び是正処置の計画までを両者（被監査部署及び監査員）で行うことを提案するものである。
両者で解決することにより、時としてあった無責任な指摘はなくなるだろう。
また、国民性の「和」の精神を活かした監査に変貌させることができる。
因みに大企業では、中小企業に比較し、協働・協調（村）社会としての仲間意識が薄く、国民性の影響を受け難い状態であったと考えられる。

今回、わが国の国民性を考慮した新たな内部監査の方法を提案する。
今回提案する内部監査では、QMSの適合性及び有効性に関する情報の把握及び管理者層への報告に加え、把握した適合性及び有効性の状況をさらに改善（課題解決）する活動までを内部監査の役割（機能）とする。
例えば内部監査の場において、把握及び確認された適合性及び有効性に係る不適合状況を参加者全員で検討、協力し解決する、即ち、不適合状況の確認、不適合（発生及び流出）原因の究明、再発防止処置の計画、また場合により、それら処置の実施、その効果の確認、手順書への反映等標準化及びその結果を報告するまでの活動を内部監査の役割（機能）とする。これにより、監査の場を不適合の指摘による対立の構図から両者の協働・協調作業による「課題解決の場」へと変えることができる。
さらに、従来の監査チームによる指摘活動から、監査側及び被監査側、双方からの課題の提案、その提案の参加者全員による課題の確認、分析、解決案の策定、解決案の評価等を行う。即ち繰返しになるが、組織の内部監査の役割（機能）を規格の要求枠を越え、「監査の場」を単に監査側からの「指摘の場」とするのではなく、監査側と被監査側とが協働で行う業務の「課題解決の場」へと役割（目的に対する機能）を拡大する。
表2-1-01「内部監査の場による効果の比較」参照。

解決策：国民性に由来する課題には、監査の場を「指摘の場」から「課題解決の場」へ変革することにより解決する。

2.3 内部監査の活性化対策（目標監査の導入）

組織の目的・目標の達成は、組織経営の最重要課題である。
組織の全ての資源及び全ての活動は、組織目的・目標の達成のために集中され、使用される。然しながら、最新のISO 9001:2015規格を含め、これまでのQMS規格の内部監査の目的の主旨は、概ね（1）顧客要求事項、適用規格の要求事項及びQMSに関して組織自体が規定した要求事項に適合しているか否か？及び（2）QMSが有効に実施され維持されているか？に関する情報を把握し、管理者層に提供することであった。
「QMSが有効に実施され維持されているか？」に関する情報に組織の目的・目標の達成状況についての情報が含まれるとも考えられるが、解釈に少し無理があり、内部監査員に規格の要求として、目標管理（目標達成）に関する監査の実施が明確に認識されていたかどうかは甚だ疑問である。

QMS規格では、従来から品質目標の設定が明確に規定され、要求されていたにも拘わらず、QMSの2008年度版（ISO 9001:2008）までの一連の規格では、品質目標の達成状況に関する情報がマネジメントレビューへのインプットとして規定もされず、要求もされていなかった。

最新の 2015 年度版（ISO 9001:2015）規格の 9.3.2 c) 2) 項で初めてマネジメントレビューのインプットとして「品質目標が満たされている程度」の記述表現で品質目標の達成度のレビューが明確に規定された。
繰返しになるが、品質目標の達成状況に関する情報の管理者層への提供について、内部監査の要求として明確な記述がなく、かつこれまで経営者によるマネジメントレビューへのインプットにも含まれておらず、そのため内部監査員の明確な認識がなく、内部監査において、品質目標の達成状況の確認が実施されていたとは言い難い状態であった。

　一方、監査の現場においては、事業の目標管理は経営層及び上級管理層の役割（責任・権限）の範囲（専権事項）とも考えられ、組織の業務担当者レベルから選任された監査員にとっては監査の対象として監査するには立場上躊躇せざるを得ない分野でもあった。
内部監査の計画にあたり、経営層及び上級管理層と内部監査（員）との役割分担の範囲を事前に決定しておく等の配慮が必要である。例えば、事業目標及び事業計画等事業の運営（目標の設定及び進捗管理等）に直接係る領域に関するレベルは、経営者及び上級管理者が担当し、部又は課・係レベルに係る目標管理の領域は、内部監査（員）の対象とする等の取決めが望まれる。
組織の目標は、組織目的の達成手段として経営層により設定され、その達成は、組織運営の最重要課題である。組織目標の達成に関する検証を内部監査に取り入れ、その状況を検証することにより目標（重要課題の解決）の達成率が向上する。また、その目標は通常事業期ごとに設定及び見直しされ進捗管理、更新されるため、内部監査でこれらを検証することにより内部監査の有効性及び活性化が常に維持される。目標管理の検証は、内部監査の活性化策の重要な一つである。

解決策：内部監査の活性化の課題には、目標管理の監査（目標監査）により解決する。

> この章のまとめ
> 　以上の観点から今回、次の3点を提案し、第2編で詳しく解説する。（図 1-1-02「内部監査の課題と提案」参照）
> (1)「システム監査」に加え、「製品監査」及び「工程監査」、並びに、「トレイル監査」を導入する。
> (2) 内部監査の場を「指摘の場」から「課題解決の場」へと変換する。（内部監査の機能の拡大）
> (3) 目標管理の有効性（達成度）を内部監査で検証する。

Break Time

「我が信条」
我々の第一の責任は、我々の製品およびサービスを使用してくれる医師、看護師、患者、そして母親、父親をはじめとする、すべての顧客に対するものであると確信する。顧客一人一人のニーズに応えるにあたり、我々の行なうすべての活動は質的に高い水準のものでなければならない。適正な価格を維持するため、我々は常に製品原価を引き下げる努力をしなければならない。顧客からの注文には、迅速、かつ正確に応えなければならない。我々の取引先には、適正な利益をあげる機会を提供しなければならない。

我々の第二の責任は全社員――世界中で共に働く男性も女性も――に対するものである。社員一人一人は個人として尊重され、その尊厳と価値が認められなければならない。社員は安心して仕事に従事できなければならない。待遇は公正かつ適切でなければならず、働く環境は清潔で、整理整頓され、かつ安全でなければならない。社員が家族に対する責任を十分果たすことができるよう、配慮しなければならない。社員の提案、苦情が自由にできる環境でなければならない。能力ある人々には、雇用、能力開発および昇進の機会が平等に与えられなければならない。我々は有能な管理者を任命しなければならない。そして、その行動は公正、かつ道義にかなったものでなければならない。

我々の第三の責任は、我々が生活し、働いている地域社会、更には全世界の共同社会に対するものである。我々は良き市民として、有益な社会事業および福祉に貢献し、適切な租税を負担しなければならない。我々は社会の発展、健康の増進、教育の改善に寄与する活動に参画しなければならない。我々が使用する施設を常に良好な状態に保ち、環境と資源の保護に努めなければならない。

我々の第四の、そして最後の責任は、会社の株主に対するものである。事業は健全な利益を生まなければならない。我々は新しい考えを試みなければならない。研究開発は継続され、革新的な企画は開発され、失敗は償わなければならない。新しい設備を購入し、新しい施設を整備し、新しい製品を市場に導入しなければならない。逆境の時に備えて蓄積を行なわなければならない。これらすべての原則が実行されてはじめて、株主は正当な報酬を享受することができるものと確信する。

(1942年 ジョンソン・エンド・ジョンソン株式会社の三代目社長
ロバート・ウッド・ジョンソン Jr により起草)

第3章 用語の定義

この章では、内部監査に関連し使用されているいくつかの重要な用語について定義を明確にしておく。

ISO 9000/JIS Q 9000 シリーズ規格「品質マネジメントシステム－基本及び用語」で定義された用語は、当該規格の改正ごとに定義の一部が変更されている。

我々、規格を使用する側の者にとっては、当該規格の改正ごとの定義の変更に囚われることなく、用語の意味を常識的に、より普遍的に定義し、同じ意味で長期に亘り使用したいものである。

ISO 規格の用語の定義及びその定義の変遷、『オックスフォード辞典』、『広辞苑』及びその他の書籍での解説、並びに日常、常識的に使用されている事例を参考に著者の考えを「著者の見解」として纏めた。

参考にした主な引用書籍等

(1) ISO 規格/JIS 規格（以下 ISO 規格と記述）
　(a) ISO 9000:2015/JIS Q 9000:2015「品質マネジメントシステム－基本及び用語」
　(b) ISO 9000:2005/JIS Q 9000:2006「同上」
　(c) ISO 9000:2000/JIS Q 9000:2000「同上」
　(d) ISO 9001:1994/JIS Z 9901:1998「品質システム－設計、開発、製造、据付け及び付帯サービスにおける品質保証モデル」に付属の参考「品質管理と品質保証の規格－用語」
　　（当規格は JIS 版のみ、規格条文の解釈をより明確にするため改正・発行された）
　　なお、この参考には、「ISO 8402:1994「Quality management and quality assurance － Vocabulary」をその技術的内容を変更することなく翻訳・作成したものであり、規格の一部ではない。」との注記がある。
　　また、2000 年以降、この参考「品質管理と品質保証の規格－用語」を基に新たな ISO 9000 シリーズ規格「品質マネジメントシステム－基本及び用語」が制定された。
　(e) ISO 9001:1994/JIS Z 9901:1994「品質システム－設計、開発、製造、据付け及び付帯サービスにおける品質保証モデル」
　　この規格にも同上の参考「品質管理と品質保証の規格－用語」が含まれている。
なお、ISO 9000/JIS Q 9000 シリーズ規格「品質マネジメントシステム－基本及び用語」は、品質マネジメントシステムの基本規格である ISO 9001/JIS Q 9001 シリーズ規格が改訂される都度見直しされ、改訂されている。

(2) 『オックスフォード辞典』
   Oxford Advanced Learner's Dictionary　8th edition
(3) 『広辞苑』
   第7版（平成30年1月12日発行）（株）岩波書店

3.1　監査と審査

(1) ISO規格の定義

監査：(a) 監査基準が満たされている程度を判定するために、<u>客観的証拠</u>を収集し、それを客観的に評価するための、体系的で、独立し、文書化したプロセス。

　　　(b, c) 監査基準が満たされている程度を判定するために、<u>監査証拠</u>を収集し、それを客観的に評価するための体系的で、独立し、文書化されたプロセス。

　　　(d, e) 後述の3.5項「製品監査、工程監査及びシステム監査」参照。

審査：(a, b, c) 定義にない。

　　　(d, e)「品質サーベイランス、品質査察」：規定要求事項が現在も満たされていることを確実なものとするために行われる、ある"もの"の状態の連続的な監視及び検証、並びに記録の解析。

なお、(a) 及び (b, c) 等は、上記「参考にした主な引用書籍等」に挙げた規格、(a)、(b) 及び (c) 等を示す。また、下線は、説明部分の特徴的な要点を示すため、著者が追加した。以下同じである。

(2) 『オックスフォード辞典』

監査　（audit）：an official <u>examination</u> of business and financial records to see that they are true and correct

　　　an official <u>examination</u> of the quality or standard of something

審査　（survey）：an <u>investigation</u> of the opinions, behavior, etc. of a particular group of people, which is usually done by asking them questions

　　　a general <u>study, view or description</u> of something

(3) 『広辞苑』

監査：監督し検査すること。企業などの特定の行為、またはその行為を示す情報が適正か否かを、独立の第三者が一定の基準に基づいて検証し報告すること。内部監査と外部監査とがある。

審査：詳しく調べて適否や優劣などを決めること。

(4) 『大辞林』（三省堂）

監査：監督し検査すること。

審査：詳しく調べて、価値・優劣・適否などを決めること。

(5) 著者の見解

監査：事象（事実と現象をいう）が、（事前に）設定した決め事（規定）に対して適合しているか否かまたその程度を決定すること。

事前に設定した決め事（以下「規定」と記述）とは、例えば、公的規格の規定、社内文書の管理方法を定めた文書管理規程、又は「社屋内での喫煙禁止」等の決まりをいう。

審査：事象が、事前に設定した規定に対して適合しているか否かまたその程度を決定すること（即ち監査）。並びにその規定が、規定（決め事）の目的に対して適切であるか否かまたその程度を決定すること。

規定（決め事）の目的とは、社内文書の適切な管理（「文書管理規程」）、又は社員のための快適な職場環境の整備・提供（社屋内での喫煙禁止）等をいう。

例えば、監査では、現実に実施されている文書の取り扱いが文書管理規程の内容に合致しているか否かを確認し、その適否の程度を決定する。一方、審査では、現実の文書の取り扱いが文書管理規程の規定内容に合致しているか否か、さらに文書管理規程の規定内容がその目的である「社内文書の適切な管理」に適した内容か否かも併せて確認し、その適否の程度を決定する。

また、「社屋内での喫煙禁止」については、監査では社員が、決め事である「社屋内での喫煙禁止」を順守しているか否かを確認しその適否の程度を決定することであるが、審査では、その決め事の順守の確認及びその適否の程度の決定に加え、「社屋内での喫煙禁止」自体がその目的「社員への快適な職場環境の整備・提供」に対して適切か否かを確認しその適否の程度を決定する。

したがって、審査では「社員への快適な職場環境の整備・提供」の観点から、社屋内での特定の喫煙場所の設置等喫煙者への配慮も考慮されることとなる。

即ち、審査では、事前に設定した規定（決め事）の目的に対する適合又は不適合の程度の決定も含み、審査は監査に比較し、対象とする範囲が広く、監査の活動をも含むと考えられる。

表1-3-01「用語の定義」(1) 監査と審査 参照。

(参考)

1．ISO規格の翻訳文（JIS規格）では、auditの一語が監査と審査の両方に訳されている。我々当規格の使用者のためにこの訳語について何らかの解説が望まれるところである。
ISO 9001:2015/JIS Q 9001:2015
　　　　　　　（品質マネジメントシステムの要求事項を定めた規格）
　　internal audit：内部監査

　　　　　auditor：内部監査の監査員
ISO/IEC 17021-1:2015/JIS Q 17021-1:2015
　　　　　　　　　（認証機関に対する要求事項を定めた規格）
　　　　　initial certification audit：初回認証審査
　　　　　surveillance audit：サーベイランス審査
　　　　　recertification audit：再認証審査
　　　　　audit team：審査チーム
　　　　　internal audits：内部監査
　　　　　auditor：内部監査の監査員及び認証機関の審査員の両方に使用　等

2．会計監査の専門書によれば、監査は、次のように定義されている。
「監査」とは、「（業務の執行や会計・経営等について）規範または規準（鑑：かがみ）に照らして良し悪しおよびその原因を探り出して見定め、明らかにすること。」
出典：『内部監査　実務ハンドブック』第2版　有限責任監査法人トーマツ編　中央経済社

3．法規制（法律及び条令等）及び公的規格の規定に関して、我々はその規定内容について、良否又は適不適を論じ決定する権限はない。我々は、規定を守り、守らせる立場にあり監査し、監査される立場で審査をする立場にはない。審査する立場にあるのは、国会及び地方議会等立法府、又は公的規格の制定を目的とし行政機関が設置した専門委員会等である。

3.2　検査、測定、試験及び監視

(1) ISO規格の定義
　　検査：(a) 規定要求事項への適合を確定すること。
　　　　　(b, c) 必要に応じて測定、試験又はゲージ合せを伴う、観察及び判定による適合性評価。
　　　　　(d, e) ある"もの"の各特性の適合性を確定するために、一つ又はそれ以上の特性を測定、審査、試験又はゲージ合わせをして、その結果を規定要求事項と比較する活動。
　　測定：(a) 値を確定するプロセス。
　　　　　(b, c, d, e) 定義にない。
　　試験：(a) 特定の意図した用途又は適用に関する要求事項に従って、確定すること。
　　　　　(b, c) 手順に従って特性を明確にすること。

(d, e) 定義にない。

監視：(a) システム、プロセス、製品、サービス又は活動の状況を確定すること。

(b, c, d, e) 定義にない。

(2) 『オックスフォード辞典』

検査（inspection）：the act of <u>looking closely</u> at something/subject, especially to check that everything is as it should be

検査（inspect）：to <u>look closely</u> at something/subject, especially to check that everything is as it should be

測定（measurement）：the act or the process of <u>finding</u> the size, quantity or degree of something

測定（measure）：to <u>find</u> the size, quantity, etc. of something in standard units

試験（test）：to use or try a machine, substance, etc. to <u>find</u> out how well it works or to <u>find</u> out more information about it

試験（examine）：to <u>look</u> at subject/something <u>closely</u>, to see if there is anything wrong or to find the cause of a problem

監視（monitor）：to <u>watch and check something over a period of time</u> in order to see how it develops, so that you can make any necessary changes

(3) 『広辞苑』

検査：(基準に照らして) 適不適や異状・不正の有無などをしらべること。

測定：はかり定めること。ある量の大きさを、<u>装置・器械を用い</u>、ある単位を基準として直接はかること。また、理論を媒介としてデータから間接的に決定すること。(器械：道具や人力による単純で小規模なものをいうことが多い)

試験：ある事物の性質・能力などをこころみにためすこと。
問題や課題を出して解答・実行させ、学習・訓練の成果・習得度や及第・合否・採否を評価・判定すること。

監視：(悪事が起こらないように) 見張ること。
旧刑法で、再犯防止のための付加刑。

(4) <u>著者の見解</u>

検査：事象のその時（検査時）の状態（量及び/又は質）を<u>基準/標準</u>と比較し、基準/標準に対して適合/合格か、否（不適合/不合格）かを決定すること。

測定：事象のその時（測定時）の<u>状態（量及び/又は質）を数値</u>で明らかにすること。

試験：対象物の<u>機能（働き）</u>の程度を明らかにすること。

監視：事象の状態（量及び/又は質）の変化を時間の経過と共に明らかにすること。
監視には時間の概念が含まれるが、検査、測定及び試験には含まれない。

（下線部分は、「著者の見解」部分の特徴的な要点を示す。以下同じ）
表1-3-01「用語の定義」(2) 検査、測定、試験及び監視 参照。

3.3 検証、レビュー、評価及び判定

(1) ISO規格の定義

検証：(a, b, c) 客観的証拠を提示することによって、規定要求事項が満たされていることを確認すること。

(d, e) 規定要求事項が満たされていることを、客観的証拠の調査及び提出によって確認すること。

レビュー：

(a) 設定された目標を達成するための対象の適切性、妥当性又は有効性の確定。

(b, c) 設定された目標を達成するための検討対象の適切性、妥当性、及び有効性を判定するために行われる活動。

(d, e) 定義にない。

評価：(a, b, c, d, e) 定義にない。

判定：(a, b, c, d, e) 定義にない。

(2) 『オックスフォード辞典』

検証（verification）：verify: to check that something is true or accurate

レビュー（review）：an examination of something, with the intention of changing it if necessary

評価（evaluation）：evaluate: to form an opinion of the amount, value or quality of something after thinking about it carefully

判定（decision）：a choice or judgement that you make after thinking and talking about what is the best thing to do

判定（judgement）：

(1) the ability to make sensible decisions after carefully considering the best thing to do

(2) an opinion that you form about something after thinking about it carefully

(3) 『広辞苑』

検証：実際に調べて証明すること。ある仮説から論理的に導き出された結論を、事実の観察や実験の結果と照らし合わせて、その仮説の真理を確かめること。

証拠資料たる事物・場所の存否及び状態を裁判官や捜査機関が直接確かめる行為。

レビュー：批評、評論、書評、評論雑誌。
　　評価：品物などの価格を定めること。また評定した価格。善悪・美醜・優劣などの価値を判じ定めること。特に、高く価値を定めること。
　　判定：判別して定めること。ボクシング・柔道などで、規定時間内に勝敗がつかない場合、審判員が優劣を点数などで評価して勝敗を決めること。また、その決定。

(4) 著者の見解
　　検証：事象について、客観的な根拠（証/あかし）に基づき、事前に設定された基準に対する適合/不適合を決定すること。
　　レビュー：事象に係る客観的証拠を再度精査（詳しく調べる）すること。
　　評価：事象について、事前に設定された基準に対する適合/不適合の程度を決定すること。
　　判定：事象について、事前に設定された基準に対する適合又は不適合を決定すること。
　　表 1-3-01「用語の定義」(3) 検証、レビュー、評価及び判定 参照。

(参考)
用語の意味、解釈に類似性が認められる用語
・事象の状態（実体）を明らかにする手段（方法）を示す用語：測定、試験、監視、レビュー。
・設定された基準に対する事象の状態（実体）の適合又は不適合を決定する手段（方法）を示す用語：検査、検証、判定。
・設定された基準に対する事象の状態（実体）の適合/不適合の程度を決定する手段（方法）を示す用語：監査、審査、評価。

3.4　是正と改善及び是正処置と再発防止処置

(1) ISO 規格の定義
　　是正：(a, b, c, d, e) 定義にない。
　　改善：(a) パフォーマンスを向上するための活動。
　　　　　(b, c, d, e) 定義にない。
　　是正処置：(a) 不適合の原因を除去し、再発を防止するための処置。
　　　　　　　(b, c) 検出された不適合又はその他の検出された望ましくない状況の原因を除去するための処置。
　　　　　　　(d, e) 現存している不適合、欠陥又は他の好ましくない状況の再発を防止するために、その原因を除去する処置。
　　再発防止処置：(a, b, c, d, e) 定義にない。

(2) 『オックスフォード辞典』

　是正　(correction)：a change that <u>makes</u> something <u>more accurate</u> than it was before, the act or process of <u>correcting</u> something

　（correct）adj.：<u>accurate or true</u>, without any mistakes right and suitable, so that something is done as it should be done

　（correct）verb：to <u>make</u> something <u>right or accurate</u>, for example by changing it or removing mistakes

　改善　(improvement)：

　（1）the act of <u>making</u> something <u>better</u>, the process of something <u>becoming</u> better

　（2）a change in something that <u>makes</u> it <u>better</u>, something that is better than it was before

　是正処置：見出し語にない。

　再発防止処置：同上。

(3) 『広辞苑』

　是正：悪い点を改めただすこと。

　改善：悪いところを改めてよくすること。

　是正処置：見出し語にない。

　再発防止処置：同上。

(4) 著者の見解

・是正と改善

　是正：悪い点又は望ましく（好ましく）ない点を<u>正すこと</u>。

　改善：事象の状態をさらに<u>良くするために改めること</u>。改善は、是正よりも広い概念である。基準に対する適合又は不適合に関わらず、対象の状態を目的に沿う（善い）方向へ改めること。

・是正処置と再発防止処置

　一般に「是正処置」と「再発防止処置」の用語は、ほぼ同じ意味で用いられている場合が多い。この熟語を構成する字句（是正と再発防止）の意味を基に常識的に考慮すれば次のように定義することができる。

　是正処置：悪い点又は望ましく（好ましく）ない点（そのものを）を<u>正すための処置</u>。（ISO規格でいう修正）

　再発防止処置：再発を防止するための処置、即ち、再発の元となる<u>原因を除去するための処置</u>。

　是正処置は、悪い点又は望ましく（好ましく）ない点そのものを正すのみでそれらの

再発防止までを対象としない、一方、再発防止は、その文字のとおり再発の防止のため、発生の元となる原因を除去するための処置であり、悪い点又は望ましくない点そのものを正すことを対象としていない。

　結論として、「是正処置」と「再発防止処置」は、この熟語を構成する字句（是正と再発防止）からは上述のように明確に区別できるものと考えられる。
この解説本では、意味の曖昧な「是正処置」は使用せず、「再発防止処置」及び「修正」の用語を使用する。
表 1-3-01「用語の定義」(4) 是正と改善及び是正処置と再発防止処置 参照。

（参考）
一般的に「是正処置」の曖昧さに比較し、「再発防止」の用語は、用語の意味が絞られ具体的かつ明確であるため、国会答弁、新聞紙上では、是正処置よりも再発防止が多用されているようである。

また、ISO 規格（ISO 9000:2015）の用語の定義では、是正処置は、「不適合の原因を除去し、再発を防止するための処置」、同じく 2000 年度版及び 2008 年度版でも「不適合又は欠陥等の原因を除去するための処置」と定義されている。
即ち ISO の用語の定義では、「是正処置」と「再発防止処置」は同じ意味と解釈できる。

なお、論点から外れるが、内部監査の指摘事項に関する規格で要求の「是正処置」と「修正（処置）」について、2015 年度版規格の「内部監査」9.2.2 e) 項、及び 2008 年度版規格の「内部監査」8.2.2 項の要求として「是正処置」と「<u>修正（原因の除去ではなく、不適合又は欠陥そのものの除去）</u>」が明確に区別し記述されている。
因みに、2000 年度版規格の記述には「修正」の用語はないが、不適合の事象そのものの除去は 2000 年度版から明確に要求された。一方、1994 年度版では、「時宜を得た是正処置をとること。」のみの記述で修正（不適合又は欠陥そのものの除去）の要求は明確ではなかった。

3.5　製品監査、工程監査及びシステム監査

(1) ISO 規格の定義
　　(d) 及び (e) には、品質監査が次のように定義されている。
　　品質監査：(d, e) 品質活動及びそれに関連する結果が計画に合致しているかどうか、並びにこれらの計画が有効に実施され、目標達成のために適切なものであるかどうか

を判定するために行う体系的かつ独立的な審査。

代表的な品質監査として、品質システム若しくはその要素に対する**品質システム監査**、プロセスに対する**プロセス品質監査**、製品又はサービスに対する**製品品質監査**又は**サービス品質監査**がある。

製品監査：(a, b, c) 定義にない。

工程監査：同上。

システム監査：同上。

(2) 『オックスフォード辞典』

オックスフォード辞典には、見出し語として、製品監査、工程監査及びシステム監査の用語はない。

(3) 『広辞苑』

広辞苑には見出し語として、製品監査、工程監査及びシステム監査の用語はない。

(4) <u>著者の見解</u>

詳細は第2編で解説するので、ここではその概要の記述に留める。

製品監査：完成製品を構成する全ての<u>材料及び部品を含め、完成製品</u>に関する顧客要求事項及び法規制等に基づく全ての要求事項（外観、形状、寸法、機能等）が満たされているか否か（適合性）及び製品品質の信頼性を確認し、その適否を決定する。

材料及び部品そのものに要求される要求事項に対する確認も製品監査に含める。

但し、材料及び部品を製造する工程（工程監査の対象）、並びにこれらに関連する種々の管理の仕組み（システム監査の対象）に関する要求事項に対する適合性の確認は含まない。

工程監査：外注加工工程、部品加工工程及び完成製品の組立工程を含む全ての<u>製造工程</u>に関する要求事項に対する適合性及び製造工程の信頼性を確認し、その適否を決定する。製造工程の確認では、製造工程を構成する5M1I及び6W2Hの組合せの適切性を検証する。

システム監査：<u>マネジメントシステム</u>を構成するシステムに関する<u>要求事項</u>に対する適合性、並びにシステムの信頼性を確認し、その適否を決定する。

表1-3-01「用語の定義」(5) 製品監査、工程監査及びシステム監査 参照。

(参考)

3監査について、下記の参考図書では次のように定義されている。

製品監査：製品に関する全ての要求事項（製品仕様、寸法、機能等）の適合性を確認。
工程監査：全ての製造工程（シフトを含む）の有効性を確認。
システム監査：全てのマネジメントシステムの適合性と有効性を確認。
　　　　　『図解 ISO/TS 26949 の完全理解』岩波好夫　（株）日科技連出版社　2010 年

ここでは信頼性の定義を次のように定め、解説を進める。
信頼性：事象を意図（目的）とした品質水準（QCDSE の水準）に効果的、効率的及び安定的に維持できるという安心の程度。

（参考）
『広辞苑』及び『明鏡国語辞典』には信頼性の見出し語はない。
信頼：信じて頼ること。（『広辞苑』）、信じて頼りにすること。（『明鏡国語辞典』）

3.6　トレイル監査
(1) ISO 規格の定義
　　定義にない。
(2) 『オックスフォード辞典』
　　トレイル（trail）：a long line or series of marks that is left by subject/something
　　　　a track, sign or smell that is left behind and that can be followed, especially in hunting
　　　　a path through the countryside
　　　　a route that is followed for a particular purpose
　　　　（verb）〜subject/something to follow subject/something by looking for signs that show you where they have been
(3) 『広辞苑』
　　見出し語にない。
(4) 著者の見解
　　「トレイル監査」の用語は著者の造語である。
　　トレイル（trail）：（名詞）通った跡、小道、（動詞）跡を辿る。

トレイル監査は、「製品監査」、「工程監査」及び「システム監査」で構成される。
トレイル監査では、サンプリング（選定）した製品の要求事項への適合性に視点をおき、トレーサビリティ（追跡可能性）を介して当該製品を構成する材料、部品から完成製品までの適合性及び信頼性を一貫して監査する「製品監査」を主軸とし、同じくトレーサビリ

ティを介して当該製品の材料の購入から当該製品の完成までの工程に視点をおき、その適合性及び信頼性を一貫して監査する「工程監査」、並びに、当該製品とその製造工程（主に製品実現工程）に関連するシステムの適合性及び信頼性を監査する「システム監査」の3監査を同時並行で進める。

トレイル監査は、第2編第6章を参照する。

3.7 マネジメントシステム、システム及びプロセス等

(1) ISO規格の定義

　JIS Q 9000:2015 規格の用語の定義

　システム：相互に関連する又は相互に作用する要素の集まり。

　プロセス：インプットを使用して意図した結果を生み出す、相互に関連する又は相互に作用する一連の活動。

(2) 『オックスフォード辞典』

　マネジメント（management）：the act of running and controlling a business or similar organization

　　the people who run and control a business or similar organization

　　the act or skill of dealing with people or situations in a successful way

　システム（system）：an organized set of ideas or theories or a particular way of doing something

　　a group of things, pieces of equipment, etc. that are connected or work together

　　the rules or people that control a country or an organization, especially when they seem to be unfair because you cannot change them

(3) 『広辞苑』（第6版）

　システム：複数の要素が有機的に関係しあい、全体としてまとまった機能を発揮している要素の集合体、組織、系統、仕組み。

　プロセス：手順、方法、過程、経過、道程。

(4) 著者の見解

　システム及びプロセスの概念は曖昧で、種々の考え方があり、色々な場面で色々な意味で使用されている。ここでは次のように解釈しておく。

　マネジメントシステム：マネジメント（経営及び管理等）に関するシステムの集まり。

　　経営及び管理に関するシステムを構成するシステムの集まりをマネジメントシステムと考える。

　　種々の考え方はあるが、ここでは次の10種類のシステムをマネジメントシス

テムを構成する代表的なシステムとして扱う。
　　代表的なシステム：経営管理（方針、事業計画及びマネジメントレビュー）、目標管理、内部監査、情報（文書及び記録）管理、力量（教育・訓練）管理、顧客管理、設計管理、購買管理、生産管理及び製造管理。（10システム）
　　なお、製造管理システムには、作業環境、製造工程、検査工程、品質管理/品質保証工程及び設備管理（測定機器の管理を含む）を含める。

（参考）
この代表的なシステムを次のように3区分する考え方がある。
(1) 経営管理システム
　　経営管理（方針、事業計画及びマネジメントレビュー）、目標管理及び内部監査。
(2) 製品実現システム
　　顧客管理、設計管理、購買管理、生産管理、製造管理。
(3) 支援システム
　　情報（文書及び記録）管理及び力量（教育・訓練）管理。
　　なお、場合により、設備管理（製造設備及び測定・試験設備）を含める。

システム：目的を持つプロセスの集まり。例：文書管理システム、購買管理システム。
　　　　但し、システムとプロセスは、例えば、購買の仕組みを「購買システム」又は「購買プロセス」とも表現され、明確な区別、使い分けは不可能である。
プロセス：目的を持つ作業の集まり。例：文書発行プロセス。
　　　　プロセスの構成要素：プロセスの目的、インプット、アウトプット、制約条件及び可使資源。
プロセスの目的とその管理：プロセスの機能（役割）、何を目的とするプロセスなのかを明確にした上で、プロセスを効率的及び効果的に管理・運用し、プロセスの目的を達成する。
　　　　インプット：プロセスの活動前の素材。
　　　　アウトプット：プロセスの活動の結果。（成果物）
　　　　制約条件：法規制、契約及び適用仕様書・図面等順守すべき事項。
　　　　可使資源：そのプロセスで使用できる資源。（人、設備及び手順書等5M1I）
プロセスと工程：「プロセス」と「工程」の用語を明確に区別し、使い分けるのは難しい。ISO 9001シリーズでは「プロセス」の用語（例：プロセスの運用、プロセス品質監査及びプロセスのパフォーマンス等）が専ら使用されている。
一方、自動車産業用セクター規格 IATF 16949 では「工程」の用語（例：製造工程及び製

造工程監査等）が専ら使用されている。

この解説本では、「プロセス」と「工程」の用語をほぼ同じ意味で使用するが、原則として、製造業の現業部門（製造及び検査）の活動を対象とする場合は「工程」を使用し、間接部門の業務及びより広い範囲の活動を対象とする場合は「プロセス」の用語を使用する。

ここでは例えば、注文書の発行業務をプロセス、連続した製造作業を製造工程と表現する。
また、以後の解説では「プロセス監査」とはいわず、「工程監査」の用語に統一する。

作業：目的を持つ動作の集まり。
　例：各部署へ配布する文書を複写する動作。（コピーをする）

表 1-3-01　用語の定義

(1) 監査と審査

用語	判定の基準の有無	定義
監査	有：規定	事象の規定に対する適合/不適合またその程度を決定すること
審査	有：規定 規定の目的	事象の規定に対する適合/不適合またその程度を決定すること、及び規定を定めた目的に対する適切/不適切またその程度を決定すること

規定：決め事
事象：事実（事柄）及び現象
判定：事象について基準に対する適合/不適合を決定すること

(2) 検査、測定、試験及び監視

用語	判定の基準の有無	定義
検査	有：規定	事象の状態（実体）が基準に対して合格か否かを決定すること
測定	無	事象の状態（実体）を数値で明らかにすること
試験	無	対象（物）の機能（働き）の程度を明らかにすること
監視	無又は有	事象の状態の変化を時間の経過と共に明らかにすること

(3) 検証、レビュー、評価及び判定

用語	判定の基準の有無	定義
検証	有：規定	事象の基準に対する適合/不適合を客観的証拠に基づき決定すること
レビュー	無	事象に係る客観的証拠を精査（詳しく調べる）すること
評価	有：規定	事象について基準に対する適合/不適合の程度を決定すること
判定	有：規定	事象について基準に対する適合/不適合を決定すること

(4) 是正と改善及び是正処置と再発防止処置

用語	判定の基準の有無	定義
是正	有：規定	悪い点又は望ましく（好ましく）ない点を正すこと
改善	無又は有：規定	事象の状態をさらに良くするため改めること
是正処置	有：規定	一般的、常識的な定義：悪い点又は望ましく（好ましく）ない点（そのものを）を正すための処置 ISOの定義：不適合の原因を除去し、再発を防止するための処置（一定していない）
再発防止処置	有：規定	再発の元となる原因を除去し、再発を防止するための処置

(5) 製品監査、工程監査及びシステム監査

用語	判定の基準の有無	定義
製品監査	有：規定	製品を構成する材料、部品及び完成製品に関する要求事項への適合性、並びに製品品質の信頼性（製品の安定性）を確認し、その適否を決定すること
工程監査	有：規定	製造工程に関する要求事項への適合性、並びに製造工程の信頼性を確認し、その適否を決定すること
システム監査	有：規定	システムに関する要求事項への適合性、並びにシステムの信頼性を確認し、その適否を決定すること
トレイル監査	有：規定	トレーサビリティを介して製品監査、工程監査及びシステム監査を同時並行して行い、製品、工程及びシステムに関する要求事項への適合性、並びに、工程及びシステムの信頼性を確認し、その適否を決定すること

信頼性：事象の品質及び活動の効果・効率の目的達成の確実性が継続するという安心感（の程度）をいう。

(6) 類似語の整理

事象の状態（実体）を明らかにする手段（方法）を示す用語：測定、試験、監視、レビュー
設定された基準に対する事象の適合/不適合を決定する手段（方法）を示す用語：検査、検証、判定
事象の状態（実体）の基準に対する適合/不適合の程度を決定する手段（方法）を示す用語：監査、審査、評価

参考　文書、文章及び文の作成

　文書、文章及び文は、文の5文型を基本に作成し、文言を少なく、短く、箇条書き、並びに図表及びイラスト等を多用し、その作成を容易にする。また読者が、文書の構成・全体像（森）の把握、文書の主旨・要点（木）及び詳細内容（枝葉）を容易に理解できるように工夫する。
「森」に吹く風（環境）を感じ、森（全体像）を観て、面前の「木」（課題）を直視し、手元の「枝葉」（現実）を手にとり触り、初めて実態が理解できるといわれている。

文の五文型

　　　（文型）　　　　　　　　　　　　　　（文例）

　・主語＋述語　　　　　　　　　　　彼は、監査した。
　　　　　　　　　　　　　　　　　　人柄の良い彼は、効率的に監査した。

　・主語＋補語＋述語　　　　　　　　彼は、監査員です。
　　　　　　　　　　　　　　　　　　人柄の良い彼は、主任監査員です。

　・主語＋目的語＋述語　　　　　　　彼は、報告書を作成した。
　　　　　　　　　　　　　　　　　　人柄の良い彼は、素晴らしい報告書を要領よく作成した。

　・主語＋目的語＋目的語＋述語　　　彼は、報告書を被監査部門へ提出した。
　　　　　　　　　　　　　　　　　　監査リーダーの彼は、素晴らしい報告書を全ての被監査部門へ報告期限内に提出した。

　・主語＋目的語＋補語＋述語　　　　彼は、報告書を監査報告書として提出した。
　　　　　　　　　　　　　　　　　　監査リーダーの彼は、素晴らしい報告書を正式な監査報告書として関係先へ提出した。

　文例の下線部分は、全て修飾語である。名詞を修飾するのは形容詞（赤い花）、形容詞を修飾するのは副詞（例：濃く赤い花）、動詞を修飾するのは、副詞（速く走る）である。文を構造する骨格部分（主語、述語、目的語及び補語）とそれらを修飾する語句との区別を明確に認識し、文を作成すると簡潔な文章となるだろう。

（参考）

　文書（document）: an official paper or book that gives information about something, or

　　　　 that can be used as evidence or proof of something
文章（writing）: words that have been written or painted on something
　　　　 the activity of writing, in contrast to reading, speaking, etc.
文　（sentence）: a set of words expressing a statement, a question or an order,
　　　　 usually containing a subject and a verb
　　　（以上 Oxford Advanced Learner's Dictionary　8th edition）

文書：文字や記号を用いて人の意思を書きあらわしたもの。かきもの。
文章：文字を連ねてまとまった思想を表現したもの。
　　　文よりも大きい言語単位で、通常は複数の文から構成されるもの。それ自身完結
　　　し統一ある思想・感情を伝達する。
文　：書物。本。まとまった思想を表したもの。書いた言葉。
　　　形の上で完結した、一つの事態を表す言語表現の一単位。
　　　通常、一組の主語と述語とを含む。
　　　（以上『広辞苑』第6版）

文書：文字で書き記したもの。書き物。書類。
文章：文を連ねて思想・感情などを表現したひとまとまりのもの。
文　：思ったことや感じたことを文字で書き表したもの。文章。
　　　文法で、思想・感情などをことばで表現する際の、一区切りのまとまった内容を
　　　持つ最小の単位。
　　　一語または複数の語から構成される。
　　　文字で表すときは、ふつう句点でその終わりを示す。
　　　（以上『明鏡国語辞典』第2版）

（資料）
　余力があれば次を参考にする。
　・日本工業規格　JIS Z 8301:2008「規格票の様式及び作成方法」
　　付属書G（規定）「文章の書き方、用字、用語、記述符号及び数字」
　・内閣官房発行の文書
　　内閣訓令第1号「公用文における漢字使用等について」平成22年11月30日

Break Time

哺乳動物と「ベルクマンの法則」　クリスティアン・ベルクマン（ドイツの生物学者）
「恒温動物の同じ種では、寒冷な地域に棲息する動物ほど体格が大きくなり、熱帯に近づくほど体格は小さくなる。」

恒温動物は、体温を一定に保つため、体内で熱を生産するが体表面から熱が放出、発散される。体内での熱の生産量は体重（体長の3乗）に比例し、放熱量は体の表面積（体長の2乗）にほぼ比例するため、体長が長くなるにつれ単位体重あたりの体表面積が小さくなる。

従って、熱帯地域では、放熱が必要で体重あたりの体表面積は大きくなる必要があり、小型であるほうが良い、一方寒冷地域では熱の発散を抑制するため大型であるほうが都合良い。

熊の場合、北極グマ（北極）─ヒグマ（温帯－寒帯）─ツキノワグマ（温帯）─マレーグマ（熱帯）と体が順に小さくなる。

（『不思議な生き物』池田清彦、角川学芸出版）

第2編　内部監査の工夫

　第2編では、第1編で提起した現在の内部監査が抱える課題を解決するための新たな工夫を提案する。ここでは次の3点を提案し解説する。
(1) 内部監査の場を「指摘の場」から「課題解決の場」へ変換
　　規格の要求する内部監査の機能の枠を超え、参加者全員で課題の解決を図る。
(2) トレイル監査及び3監査（製品監査、工程監査及びシステム監査）の導入
　　素材の購入から製品の完成までを一気通貫で検証するトレイル監査、製品監査、工程監査及びシステム監査を導入する。これらの監査は、QMSの運用と事業プロセスとの統合、製品品質の向上、工程及びシステムの信頼性（効果・効率を含む安定性）の向上を目的とする。
(3) 目標監査及び監視・改善活動監査の導入
　　組織の最重要課題である事業の目標達成過程を検証する目標監査、企業の安全パトロール及び小集団活動等の監視・改善活動を検証する監視・改善活動監査を導入し、内部監査の活性化を図る。

「用語の定義」
　第2編及び第3編の解説をより明確にし、理解を容易にするため、これらの編で使用する用語を次のように定義する。

・**内部監査責任者**：経営者の意を受けて内部監査を管理し、内部監査の目的、仕組み、実施、及び指摘課題の是正等内部監査の全てに責任と権限を持つ者。
　細部事項は事務局に指示し実施させる。
・**事務局**：内部監査責任者の指示を受けて、内部監査を計画し、監査員を選任し、監査チームを編成し、監査の進行を支援し、監査の目的が達成できるよう監査全体を管理する部署。通常、品質保証部又はISO事務局（内部監査担当部署）等が受け持つ。
・**監査員**：監査をするために選任（選定・任命）され、監査の場に参加し、監査をし、課

題の解決に当たる者、想定される課題の解決に適した者（力量及び人格等）を監査ごとに選任する。
- **監査チーム**：1名以上の監査員で構成し、監査をするチーム。（1名でも監査チームという）
- **被監査部署**：監査を受ける組織の部署。（監査される事業部、部、課及び係・グループ等組織の構成単位）

- **QCDSE**：品質（Quality）、費用（Cost）、納期（Delivery）、安全（Safety）及び環境（Environment）を意味する。
- **課題**：検討及び/又は解決すべき事象（クレーム及び社内不良等不適合、仕組み及び組織の懸案事項、並びに新技術及び新商品の開発、新市場の開拓等戦略的挑戦事項）をいう。
- **マネジメントシステム、システム、プロセス、作業と動作の関係。**
  第1編第3章「用語の定義」3.7項 参照。
- **5M1I**：人（Man）、物（Material）、機械・設備（Machine）、方法・手順（Method）、測定（Measurement）又は資金（Money）及び情報（Information）を意味する。
- **6W2H**：誰が（Who）、誰に（Whom）、何時（When）、何を（What）、なぜ（Why）、何処で（Where）、どのように（How）、どれ程の量（How much）を意味する。
  誰に（Whom）の代わりにどちら（Which）をいう場合がある。
  5M1I及び6W2Hは、プロセス（又は工程）を計画する場合、プロセス（又は工程）を分析する場合、また実行計画の施策（活動）を明確に、具体的に設定する場合等に検討及び設定事項の漏れを防止するためのチェックリストとしても使用できる。

- **6S**：節制、躾、整理、整頓、清掃、清潔をいう。
- **QC七つ道具**：特性要因図（Fish Bone Diagram）、パレート図、ヒストグラム、管理図、散布図、グラフ及びチェックリストをいう。
- **新QC七つ道具**：親和図、関連図、系統図、マトリックス図、マトリックス・データ解析、アローダイヤグラム及びPDPC（Process Decision Program Chart：過程決定計画図）をいう。
- **現状分析**：事象を取り巻く環境を確認し、事象の全体像を把握し、事象の要点を認識し、事象の詳細をよく観察する。（鳥の目、虫の目及び魚の目で観る）
  森に吹く風（環境）を感じ、森（全体像）を概観し、足元の幹（根幹）に触れ、虫眼鏡で枝葉（詳細）を診る。
- **QCストーリーのステップ（QC的問題解決法）**：(1) テーマの選定、(2) 現状の把握、(3) 目標の設定、(4) 要因の解析、(5) 対策の立案と実施、(6) 効果の確認及び (7) 歯止め（標準化）と管理の定着をいう。

第1章 「指摘の場」を「課題解決の場」へ変換するための工夫

この章では、監査の場を「課題解決の場」へ変革するための方法を解説する。

内部監査の場を「監査される側」と「監査する側」の二者対立の「指摘の場」とするのではなく、監査される側（被監査部署）及び監査する側（監査チーム）が共同で、協力して被監査部署の業務上の課題を解決する「**課題解決の場**」とするための方法を解説する。監査の場を「**課題解決の場**」とする利点等を表2-1-01「内部監査の場による効果の比較」に纏めた。
内部監査の場では、監査される側（被監査部署の責任者/担当者）及び監査する側（監査チームの監査員）の双方の参加者が、協力して次の活動（作業）を行う。
監査の組織を図2-1-01「内部監査の実施組織」、標準的な監査の手順を表3-1-01「監査の工程」及び監査の場での手順を表2-1-02「監査の場での監査の手順」に示した。

1.1 監査の場での課題解決の手順

監査の現場では、新たな工夫（課題解決）と従来の監査員による監査を組合せ実施する。
(1) 被監査部署の業務についての課題の提案（新たな工夫）

被監査部署及び監査チームの両方から解決すべき課題を現実の事象（事実及び現象）に基づき提案する。

・被監査部署が日頃から認識し、解決を望む課題を関連する資料と共に提示し、その解決への協力を依頼する。
・被監査部署の業務について、監査チームの監査員が、日頃から課題であると認識している内容をその根拠を示し、解決を提案する。

監査チーム及び被監査部署は、課題の提案内容、背景、他の業務（全社及び前後のプロセス等）に及ぼす影響の重大性、及び費用対効果等を考慮し、課題解決の必要性を確認する。

課題が、製品及び工程に関わる場合、現象（現場、現物及び現実）の確認、また必要な場合、不適合等の再現試験を実施し、その現象の詳細を確認する。

解決すべき課題について、参加者の見解が異なる場合は、監査チームリーダーが解決の要否を決定する。

(2) 監査による課題の検出（従来の監査方法）

監査チームは、被監査部署の業務（監査の対象業務）について、業務の目的、適用法規制、顧客要求事項、社内規程、手順書等の要求事項及び業務の遂行方法（必要な範囲の5M1I及び6W2H）、並びにその業務の実績等を被監査部署に確認する。

被監査部署から関連する資料と共にその業務の内容（業務の目的、インプット、アウトプット、制約条件及び可使資源等）及び業務の活動実績（適切な期間の実績）等の説明を受ける。

監査チームは、その説明及び関連する実績記録を確認し、被監査部署の業務の遂行及びその管理の適切性を検証し、改善の必要性を評価し、課題を検出する。

表 2-1-02「監査の場での監査の手順」参照。

(3) 課題の分析と原因の究明

監査の参加者は、現在の事業環境における組織内外の状況、課題及びリスクと機会等を把握、認識する。その認識の下での被監査部署の業務の役割を考慮し、QCDSEの視点及び原理・原則に基づき現象（現場、現物及び現実）を分析し、その特徴・傾向を把握し、課題の事象の発生原因を明確にする。

必要な場合、これらの分析にはQC七つ道具及び新七つ道具等の分析手法を利用する。

(4) 課題の解決案の検討、決定及び評価

課題の解決案は、課題の分析及び原因の把握を基に、組織の目的・目標を達成する上での被監査部署の役割（業務）を継続して、効率よく達成するための方法をQC問題解決法等の利用、プロセスの5M1I及び6W2Hの設定・組合せの再確認を通して解決（改善）案を決定する。

その解決（改善）案を再発防止等の目的達成の可能性、改善案の効果・効率（効果/費用）の観点から評価する。

満足な評価が得られない場合は、視点、並びに5M1I及び6W2Hの設定・組合せを変え検討を繰り返し、参加者がその時点で納得のできる解決（改善）案を導き出す。

(5) 課題解決のための改善計画の作成

改善計画は、課題解決のための道筋（目標/一里塚）を明確に示し、処置事項（施策）は具体的（必要な範囲の5M1I及び6W2Hの決定）に設定する。

また改善計画には、進捗管理、即ち適時の見直し、評価、追加の施策及び効果の確認時期を予め計画しておく。

表 2-1-02「内部監査の場での監査の手順」参照。

> この節での要点：
> 課題を参加者全員で提案し、検討し、解決に至る計画を作成する。
> 最も重要なことは、参加者で「協力して改善する」という目的意識を強く持つことである。

1.2 参加者の役割

次に内部監査責任者及び事務局、被監査部署並びに監査チームの夫々の役割を解説する。

1.2.1 内部監査責任者及び事務局の役割

通常内部監査事務局は、ISO 事務局又は品質保証部署等内部監査の責任部署が担当する。

(1) 監査員の選任及び監査チームの構成を決定

想定される課題の解決に必要な力量を持つと考えられる者をその都度、監査員として選任し、2名以上の監査員で監査チームを構成する。

可能な範囲で次例を参考に監査チームを構成する。

a. 被監査部署の上流及び下流のプロセスの責任者又は担当者
b. 当該プロセスの技術専門家(組織内外の専門家を含む)
c. 全社の業務全般を理解し、大所高所から総合的に判断できる管理職経験者
d. 内部監査の事務局部員、例えば ISO 事務局又は品質保証部署等の担当者

等から選任した、課題解決について均整(バランス)のとれた監査チームとする。

例えば、製造部署の監査の場合、上流プロセスを担当する営業部署及び設計部署、下流プロセスを担当する品質保証部署、検査部署又は出荷部署、並びに使用者(可能なら顧客等 − 顧客を内部監査員に加えるのは面白い試みである)の責任者又は担当者を含める。

また、同じ製造部署内の監査の場合、上下流のプロセスを担当する部署として、溶接工程の前のプロセス(例えば、表面処理工程)を担当する部署、並びに後のプロセス(例えば、塗装工程)を担当する部署の責任者又は担当者を含める等のチーム編成とする。

管理職経験者は、長期的かつ大所高所から常識的、自然合理的な判断をするために参加し、課題解決案の客観性を確保する。(全体最適化)

なお、監査チームを構成する監査員は、従来のような経営者又は管理責任者等による認定及び監査員登録台帳への登録等は必ずしも必要とはしない。

(2) 「課題解決の場」となるよう監査の進行を支援

監査の目的を効率よく達成するため、関連資料の事前提供及び監査の事前準備会議(監査目的、スケジュール、チームリーダー及びメンバーの役割分担及び連絡事項等の周知)の開催等監査チームへの種々の支援、監査全体の進捗管理及び事務局としての必要な提案を行う。また監査の場では、課題及び解決案の提案、監査の進行支援、結果の客観性、公平性及び自然合理性の確保に配慮する。

1.2.2 被監査部署の役割

日頃より自部署の QCDSE に関する課題を認識し、監査の機会に課題を提案し、監査チームに課題解決の支援を求める。

課題は現実の事象(事実及び現象)に基づき提案し、実施記録と共に関連情報を全て提示する。課題の一事例として、次が考えられる。

Q：クレーム/社内不良の削減、不良率の低減等品質の向上、工程の安定性の向上、工程及び材料の変更（ロー付けからより安定性のある溶接工程へ、又は材料の材質変更等）

C：作業性/作業効率の向上、工程能力の向上、工程の変更及び代替材料への変更

D：作業時間（工数）の短縮、段取り時間の短縮、設備の更新・改良及び自働化

S：安全指標（無災害記録等）の向上、交通事故及び労働災害事故件数の削減

E：作業環境（物理的及び心理的等）の改善、働き方改革、ライフ/ワークバランスの推進、代替材料の使用及び使用量の削減等環境負荷の削減

また、製造部署以外では、新商品及び新技術の開発、新市場及び新顧客の開拓及び新生産管理システムの導入等がある。

1.2.3 監査チーム（監査員）の役割

監査チームの監査員は、「課題解決の場」での課題の解決者として被監査部署と協力し、課題の解決を図り期待に応える。

また、被監査部署から提案された課題及び監査チームが監査の場で検出した課題の他、監査員が日頃から他部署を含む業務全体の QCDSE に関する課題を把握、認識しておき、監査の機会に課題を提案する。

課題の解決は、組織の目的達成、組織の業務全体の最適状態の確保（全体最適）の観点から、検討し解決案を纏める。

表 2-1-03「内部監査での役割」参照。

1.3 監査員の資質と監査力量

監査員に求められる力量は、高潔な人格と問題解決の能力である。

表 2-1-04「監査員に求められる個人的資質及び監査力量」及び表 2-1-05「JIS Q 17021-1:2015（ISO/IEC 17021-1:2015）附属書 D（参考）『望ましい個人の行動』」参照。

(参考)

JIS Q 19011:2012「マネジメントシステム監査のための指針」

7.2.2 項「個人の行動」（監査員の資質）及び 7.2.3 項「知識及び技能」（監査員の監査力量）参照

なお、当該規格が改正され、2018 年 7 月 3 日に改正規格：ISO 19011:2018「マネジメントシステム監査のための指針」が発行された。（JIS 版は 2019 年 5 月頃発行予定）

この改正規格の 7.2.2 項「個人の行動」に「専門家として望ましい行動」として次が示さ

れている。
「審査員は、倫理的であり、心が広く、外交的で、観察力があり、知覚が鋭く、適応性があり、粘り強く、決断力があり、自立的であり、不屈の精神をもって行動でき、改善に対して前向きであり、文化に対して敏感であり、協働的であることが望ましい。」

1.4 留意事項

(1) 適用規格、ISO 9001:2015 9.2.2 c)項「**監査プロセスの客観性及び公平性の確保**」に対する見解
   - **監査プロセスの客観性の確保**：本章で提案する内部監査の工夫では、被監査部署のプロセスの上・下流の業務を担当する部署から選任された監査員、プロセスの内外の技術専門家及び大所高所の視野に立つ管理職経験者等で構成した監査チームが監査を行うことにより、当該業務をより広い視野から、組織の全業務の流れの一部として捉えることができ、従来に比較し、より全体最適、客観性を持った監査が可能である。
   - **監査プロセスの公平性の確保**：課題解決に至る検討段階では、被監査部署の意見も考慮されるが、最終的な解決案の決定は参加者全員の合意によりなされる。
     最終的に参加者全員の合意が得られない場合は、監査チームリーダーが決定する。
     今回提案の監査方法の習熟、継続及びその効果の実感等を通して、内部監査の目的志向性が著しく向上し、相互の信頼感が醸成される。その信頼感の醸成により、参加者又は被監査部署の自部署最適及び自部署利益の誘導等を意図した監査の可能性は減少し、その公正性、公平性はより確実に確保される。

(2) これまでの規格の規定、「**監査員は、自らの仕事を監査してはならない。**」に対する見解
   規格のこれまでの規定表現は、

   a. ISO 9001:1994/JIS Z 9901:1994/1998 4.17項「内部品質監査」
      「――監査される活動の<u>直接責任者以外の独立した者</u>が行うこと。」

   b. ISO 9001:2000/JIS Q 9001:2000 8.2.2項「内部監査」
      「<u>監査員は自らの</u>仕事は監査しないこと。」

   c. ISO 9001:2008/JIS Q 9001:2008 8.2.2項「内部監査」
      「<u>監査員は、自らの仕事を監査してはならない。</u>」

   d. ISO 9001:2015/JIS Q 9001:2015 9.2「内部監査」9.2.2 c項
      「監査プロセスの<u>客観性及び公平性を確保する</u>ために、監査員を選定し、監査を実施する。」

   と変更された。（下線は著者が追加）

2015年の改正規格では、具体的な禁止対象者は削除され、選定の目的が明示され、結果として他の条項と同様、組織自らの判断（裁量）の幅が拡大されたと解釈できる。

(3) 著者の意見

「自らの仕事を監査してはならない。」の規定は、自らの仕事のやり方における長所、短所が「見えない、気づかない」及び「自らに対する甘さの存在」を前提としたのではないだろうか？

「見えない、気づかない」については、良好な人間関係の下での本人以外の客観的な視線が必要である。「自らに対する甘さの存在」については、ある期間の経過を経て自ずと修正又は組織の良識により修正されるだろう。

一方、急速な変化を遂げるAI及びIoTの業界等を初め、現在の事業環境では個々人の最大限の能力の発揮とその結集及び関係者の協力が強く求められている。

今回の規格改正での記述の変更は、社会・事業環境の変化への対応ではないだろうか？なお、本書の対象としている内部監査（当該規格の9.2項内部監査）をする監査員に対する要求ではないが、認証機関に対する要求事項を規定したISO/IEC 17021-1:2015（JIS Q 17021-1:2015）「適合性評価－マネジメントシステムの審査及び認証を行う機関に対する要求事項」の10.2.6項内部監査の10.2.6.4 b)項では、「監査員は、自らの仕事は監査しない。」と未だ規定されている。

将来この規定がISO 9001:2015（JIS Q 9001:2015）と同様、上述のように変更されるか否かは現時点では不明である。

（参考）

客観性及び公平性の用語について、

『広辞苑』が平成30年1月、第6版から第7版へ改訂され、次の用語の内容が少し変更された。両方を併記しておく。

・『広辞苑』第6版（平成20年1月11日発行）では、

客観性：主観を離れて独立し、誰がみてもそうだと納得できるような性質。

公平性：判断や処理などがかたよっていないこと。

公平：判断や処置などがかたよっていないこと。

公正：公平で正しいこと。

公正と意味が近いが、「公正」は正しいこと。「公平」はかたよらないことである。

・『広辞苑』第7版（平成30年1月12日発行）では、客観性の用語はなく、次に変更された。

客観：客観的であること。

客観的：特定の個人的主観の考えや評価から独立して、普遍性をもっていること。

公平性の用語はなく、公平：かたよらず、えこひいきのないこと、に変更された。

公正：公平で邪曲のないこと、明白で正しいこと、が新たに追加された。

図 2-1-01 内部監査の実施組織

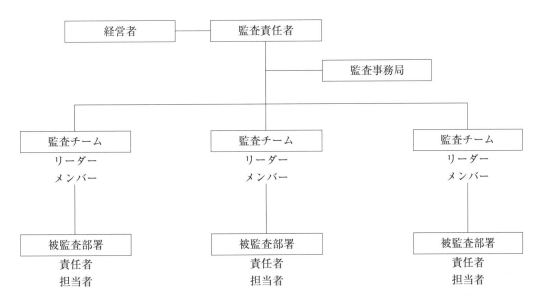

監査チームの構成
1) 被監査部署の上流及び下流のプロセス（工程）の責任者又は担当者
2) 当該プロセスの技術専門家（社内外の専門家）
3) 全社の業務を理解し、大所高所から総合的に判断できる管理職経験者（全体最適化）
4) 内部監査の事務局員
 ・目的（課題解決）に適したバランスの取れたチームを編成する。
 ・この組織図では、監査チームを3チームとしたが、実際には課題解決（目的）に必要なチーム数とする。

表 2-1-01 内部監査の場による効果の比較

提案の方法：内部監査の場を「課題解決の場」とする。
従来の方法：内部監査の場は「不適合の指摘の場」であった。

(1) メリットの比較

番号	評価項目	課題解決の場（提案の方法）	指摘の場（従来の方法）	理由
1	改善への意欲	高い	低い	目標の共有と共働活動の実施
2	改善活動の効率	同上	同上	多種多様な人材による検討
3	改善の効果	〃	〃	同上
4	真の原因究明の究明度	〃	〃	〃
5	再発防止案の最適程度	〃	〃	〃
6	共働検討による教育効果	〃	〃	相互研鑽による効果
7	改善への協力度	〃	〃	目的志向の共有
8	日常業務への良い影響	〃	〃	共働で課題を解決した実績・実感
9	監査に対する違和感	少ない	多い	日本人の特質
10	改善までの期間	短い	長い	改善計画までを監査の場で決定

(2) デメリットの比較

番号	評価項目	課題解決の場（提案の方法）	指摘の場（従来の方法）	理由
1	監査に要する工数	多い	少ない	多人数の参加
2	活動の緊張感	低い	高い	同上及び協調精神を重視
3	指摘の厳しさ	緩い	厳しい	同上
4	ISO規格への適合性	低い	高い	課題の解決（目的志向）を重視
5	監査の専門性	同上	同上	監査の経験者以外を含む

（注記）
ISO規格で規定の監査方法は、協調の「和の精神」を尊ぶ日本民族の組織には馴染まない。

第2編　内部監査の工夫

表 2-1-02　内部監査の場での監査の手順

監査は原則、次の6手順に従い参加者全員で協力して実施する。

手順	手順の内容
1	被監査部署に関する課題の提案 被監査部署の業務に係る課題を被監査部署及び監査チームの双方から提案する ・被監査部署からの提案 　業務遂行上の課題、解決を望む課題を関連する資料と共に提案する ・監査チームからの提案 　被監査部署の業務について、日頃から課題であると認識している事象の解決を提案する
2	要求事項の確認とその概要を把握 監査対象に関する要求事項の確認と監査対象の概要を把握する ・監査対象に関する（顧客・法規制・自組織の）要求事項を確認する ・監査対象の概要（目的、機能、構成及び外観等）を把握する
3	監査対象の検証と課題の検出 要求事項への適合性及び信頼性の視点から監査対象を検証し、課題を検出する ・監査対象は監査重点事項及び製品・工程・システムである ・必要な場合、検査・試験記録の信頼性（信憑性）を検証する ・検証の対象は、監査対象、関連文書・記録、業務説明、業務・作業観察及び顧客評価等関連情報全てである。
4	課題（事象）の現状分析と原因の究明 課題をQCDSEの視点から見直し、その事象を分析し、原因を究明する ・事象を5M1I及び6W2Hで分析、並びに傾向把握にはQC七つ道具及び新QC七つ道具等を利用する ・原因は、発生（原因）、放置（原因）及び流出（原因）の視点から究明する
5	課題の解決のための改善計画 課題を解決するための道筋（「改善計画」）を立てる ・改善計画は、目的（課題解決）を明確に認識し、PDCAを確実に回し、スパイラルアップを図るものとする ・改善計画は具体的（必要な範囲の5M1I及び6W2Hを設定）に設定する ・設定した計画は、目的達成及び効果/費用の観点から評価し、適切な水準にする
6	監査結果のまとめ 監査結果を監査報告書(案)にまとめ、終了会議で報告する ・報告書には、監査目的の達成状況、課題（不適合及び提案）の内容及び部署ごとの強弱点等を纏める

（注記）
1）要求事項
　　顧客関係：取引基本契約書、品質保証・品質管理要求仕様書、及び当該監査対象に関する個別仕様書（仕様図面又は承認図等）又は注文書及び加工図
　　法規制関係：国の法令、市町村条例及び業界団体の協定又は覚書等
　　自組織関係：製品規格及び設計管理規程等の規格・規程類、適用仕様書（図面等）及び情報（文書・記録）管理規程等のシステムに関する規程類
2）関連する図表
　・表3-1-01「監査の工程」　　　　　　　　　　・表3-2-02「内部監査で検出する課題の定義」
　・表3-1-03「監査の切り口」　　　　　　　　　・表3-2-03「再発防止処置及び改善の手順」
　・表3-2-01「監査開始会議及び終了会議での確認事項」　・表3-2-04「発生原因と原因の究明手法」

表 2-1-03 内部監査での役割

手順番号	区分	手順	課題解決の場（提案の方法）					指摘の場（従来の方法）				
			事務局	被監査部署	監査員	被監査部署	文書/記録	事務局	監査員	被監査部署	文書/記録
1	監査前	監査重点事項の設定	●				監査計画書	●			監査計画書
2		監査方法の選定	●				同上				同上
3		監査頻度及び時期の設定	●				年間計画書	●			年間計画書
4		監査チームの編成	●				監査計画書	●			監査員台帳、監査計画書
5		監査スケジュールの作成	●				監査スケジュール	●			監査スケジュール
6		監査準備	○	○	○		—	―	○	○	—
7	監査時	監査開始会議	●	●	●		—		●	―	—
8		監査の実施									
		・指摘事項の検出	●	●			再発防止/改善計画		●	●	是正要求/報告書
		・再発防止/改善計画作成	●	●			再発防止/改善計画			●	是正要求/報告書
9		監査結果の纏め	○	○	●		監査報告書		●		監査報告書
10		終了会議									
11	監査後	再発防止/改善計画の実施	○	●			再発防止/改善計画			●	是正要求/報告書
12		日常習慣化標準化	○	●	○		手順書等			●	手順書等
13		現品処置と水平展開		●	●		同上			●	同上

（注記）
1)「監査頻度及び時期の設定」は、組織の年間計画（活動計画）で明確にする。
2) 監査の場では、「監査開始会議」から「終了会議」までを実施する。
3)「再発防止/改善計画作成」は、参加者全員（事務局、監査員、被監査部門）が協力して作成する。
4) ●印は最終的な責任と権限を示す。

44

表 2-1-04　監査員に求められる個人的資質及び監査力量

番号	区分	必要な力量（教育・訓練・経験・資格）	製品監査	工程監査	システム監査
1	個人的資質	包容力・謙虚・忍耐力	◎	◎	◎
2		理解力・表現力	◎	◎	◎
3		清潔感・明快感	◎	◎	◎
4		前向・積極性	◎	◎	◎
5	知識・見識（監査力量）	QMS規格の理解	○	○	◎
6		顧客要求事項の理解	◎	○	○
7		適用法規制の理解	◎	◎	○
8		製品・製品規格の理解	◎	◎	○
9		製造工程の理解	○	◎	○
10		固有技術の理解	○	◎	○
11		製品の検査・試験の理解	○	◎	○
12		特殊技能の理解（技能・資格）	○	◎	○
13		管理技術の理解	○	◎	◎
14	技量（監査力量）	ISO19011に基づく監査手法	◎	◎	◎
15		内部監査の経験	○	○	◎
16		IE、QC七つ道具等の改善手法	○	◎	○

（注記）
1) JIS Q 19011:2012（ISO 19011:2015）「マネジメントシステム監査のための指針」の7.2.2項「個人の行動」及び7.2.3項「知識及び技能」に監査員の個人的資質及び監査力量の指針が示されている。
なお、当該規格が改正され、ISO 19011:2018「マネジメントシステム監査のための指針」が2018年7月3日に発行された。このJIS版は、2019年5月頃発行予定である。
2) 認証機関に対する要求事項を規定した規格、JIS Q 17021-1:2015（ISO/IEC 17021-1:2015）の附属書D（参考）に「望ましい個人の行動」がある。表2-1-05 参照。
JIS Q 17021-1:2015（ISO/IEC 17021-1:2015）「適合性評価－マネジメントシステムの審査及び認証を行う機関に対する要求事項」

表 2-1-05　JIS Q 17021-1:2015（ISO/IEC 17021-1:2015）附属書D（参考）望ましい個人の行動

　マネジメントシステムの種類を問わず、認証活動に関わる要員にとって重要な個人の行動の例は、次のとおりである
a）倫理的である。すなわち、公正である、信用できる、誠実である、正直である、そして分別がある
b）心が広い。すなわち、別の考え方又は視点を進んで考慮する
c）外向的である。すなわち、目的を達成するように人と上手に接する
d）協力的である。すなわち、他人と効果的なやり取りをする
e）観察力がある。すなわち、物理的な周囲の状況及び活動を積極的に意識する
f）知覚が鋭い。すなわち、状況を直感的に認知し、理解できる
g）適応性がある。すなわち、異なる状況に容易に合わせる
h）粘り強い。すなわち、根気があり、目的の達成に集中する
i）決断力がある。すなわち、論理的な理由付け及び分析に基づいて、時宜を得た結論に到達する
j）自律的である。すなわち、独立して行動し、役割を果たす
k）職業人（professional）である。すなわち、仕事場において礼儀正しく、誠実で、総じて職務に適した態度を示している
l）道徳的に堅固である。すなわち、その行動が、ときには受け入れられず、意見の相違又は対立をもたらすことがあっても、責任を持ち、倫理的に行動することをいとわない
m）計画的である。すなわち、効果的な時間管理、優先順位付け、計画策定及び効率性を示す

　行動の決定は状況次第であり、弱点は特定の状況になって初めて明白になることがある。認証機関は、認証活動に悪影響を及ぼす弱点が発見された場合には、それに対して適切な処置を講じることが望ましい

Break Time

上達のヒント　　003「あなたがテニスをする真の目的」
「そう、私たちはテニスをとおして人生の冒険を疑似体験しているのです。冒険ですから、"山あり谷あり"は当たり前。その中で人間的成長を実現し、魅力的な大人になっていく。この過程を、テニスをとおして学んでいるのです。」

上達のヒント　　007「常識を超えた結果を出す人々の習慣」
「常識の範疇を越えた結果を出す人が世の中にいます。時として、彼らは天才に見えます。彼らの戦績は、常人には出せないようにも思えます。しかし、実際は、『誰でもできることを、誰もできないくらい長くやり続けている人』が常識を超えた結果を出しているに過ぎません。――本当の難しさは、飽きずに長くやり続けるところにあります。」

　　　　　　　　　　　　　　　　　　　（『テニスは頭脳が9割』田中信弥、東邦出版）

『五輪書』　宮本武蔵（1584？-1645）
千日の稽古を鍛とし、万日の稽古を練とす。
能々吟味有るべきもの也。

肝心なことは全て平等、日常の生活態度が全てを左右する。
成りたい自分になる方法は、なりたい自分が当然やっていると想像できることを「日常習慣化」し、やり続けることか？

　　　　　　　　　　　　　　　　　　　　　　　　　　　　　　　　　　著者追記

第2章　3監査導入の意義

　この章では、3監査を導入する理由をISO規格による内部監査の要求、認証機関の審査及び企業の内部監査の現実から解説する。

2.1　ISO規格の要求

　監査には、システム監査、工程監査及び製品監査の3種類の監査があり、以前から製造企業では、その時々の目的に応じてこれら3監査が実施されていた。
第1編でも記述の通り、ISO 9001:1994/JIS Q 9901:1994の4.17項「内部品質監査」では内部品質監査が要求されており、その品質監査の定義で「品質システム監査」、「プロセス品質監査」及び「製品品質監査」の3監査が定義され要求されていた。
しかし、ISO 9001規格の1994年までの「品質システム」の規格から2000年以降の「品質マネジメントシステム」の規格への改正後、3監査は「監査」の表現に統一され、以後の改正規格では、「品質システム監査」、「プロセス品質監査」及び「製品品質監査」の3監査の用語は、規格の記述から削除された。（ISO 9000:2000/JIS Q 9000:2000「品質マネジメントシステム－基本及び用語」3.9.1項　参照）

「プロセス品質監査」及び「製品品質監査」の用語は規格の記述から削除されたが、製造業にとって製品品質及び工程の信頼性（効果・効率を含む安定性）は最も重要であり、内部監査をより有効に活用するためには、これら3監査の特性を良く認識した上でこれら3監査の導入・実施が望まれる。

　なお、第1編第2章2.1項と重複するが、現在自動車製造業で広く適用されている自動車産業用セクター規格IATF 16949:2016の9.2.2項では「内部監査」が規定されており、「品質マネジメントシステム監査」(9.2.2.2)、「製造工程監査」(9.2.2.3)及び「製品監査」(9.2.2.4)の3監査が要求され、実施されている。
（注）IATF 16949:2016「自動車産業品質マネジメントシステム規格－自動車産業の生産部品及び関連するサービス部品の組織に対する品質マネジメントシステム要求事項」

3監査の記述（名称又は呼称）について

　上記のように規格によりその記述表現は異なるが、夫々の監査の意味及び内容は、ほぼ同じであると考えられるので以降次のように統一する。
「製品監査」：ISO 9001:1994に規定の「製品品質監査」及びIATF 16949:2016に規定の「製品監査」等を含めて「製品監査」という。

「工程監査」：ISO 9001:1994 に規定の「プロセス品質監査」、IATF 16949:2016 に規定の「製造工程監査」及び公称されている「プロセス監査」等を含めて「工程監査」という。
「システム監査」：ISO 9001:1994 に規定の「品質システム監査」及び IATF 16949:2016 に規定の「品質マネジメントシステム監査」等を含めて「システム監査」という。
これら3監査の相互関係を図 2-2-01「3監査の相互関係」、3監査の概要を表 2-2-01「監査の種類」、3監査の対象（関連する規格の項番）を表 2-2-02「内部監査とその対象」及び標準的な監査の手順を表 3-1-01「監査の工程」に示した。

2.2 認証機関の審査

認証機関の審査は、企業等組織のISO認証登録及びその維持の可否判断を主な目的として実施されるため、自ずと適用規格への適合性の確認に重点がおかれ、規格の要求するマネジメントシステムに照準を合わせた審査にならざるを得ない。
また、認証機関は認証機関としての認定の取得登録・維持のため、毎年JAB（日本適合性認定機関）等の認定機関による認定審査を受審しなければならず、認定機関の認定審査の受審を常に意識し、認証機関の認証組織（認証登録済企業）に対する審査は、上記同様、適用規格への適合性に重点をおいた内容にならざるを得ない。
即ち、認定機関及び認証機関の審査は、その主たる目的が共に適用規格への適合の適否を判断し、判定することであり、適用規格のマネジメントシステムに基づく各システムの審査であるといわざるを得ない。
したがって、現実の認証機関の審査（認証登録、維持審査及び更新審査）では上述の各システムの審査は充分に行われているが、製造工程及び製品に関する審査は十分とはいえないのが実状である。
極端な事例ではあるが、著者の知るある認証機関の審査では、製造企業の審査において、計画された製造部署の審査時間（2～3時間）の内、最後の10～15分で製造現場、即ち製造工程の審査をするのが常であるとのことであった。当該組織の審査を担当する審査員が数回に亘り交代したが、未だこの状態が十数年続けられているとのことであった。
製造現場には、組織のそれまでの全ての活動に関する情報が集約され、それまでの活動の全てのアウトプットが提示されている。
この現場を審査しない認証機関及び審査員の見識が疑われる事例ではある。

2.3 認証組織の内部監査

ISOの認証登録を受けた認証組織（認証登録済企業）は、その認証登録の維持のため、毎年1回以上の認証機関の審査を受けなければならない。
認証機関の審査は、上述のようにシステムの規格適合性に重点をおいた審査である。審査

で規格の適合性に関する指摘を受けることのないよう、認証組織の内部監査も必然的に規格及び組織の規程類への適合性の確認に重点をおいた監査にならざるを得ない。

実際の監査でもシステムのみの監査、システムに偏った監査、又は少数ではあるが上記のシステム監査、工程監査及び製品監査を統合し同時・並行して実施されている場合もあるが3監査の目的を認識した監査ではなくこれら3監査が漫然と行われているのが実情である。

一方、認定機関及び認証機関のマネジメントシステムの規格適合性に照準を合わせた審査に対して、組織の内部監査では、製品の製造工程に対する工程監査及び製品の品質に対する製品監査が、組織の内部監査故に可能であり、システム監査と併せ、今後大いに活用すべき監査と考える。

2.4　3監査及び種々の監査の導入の意義

　製造業及びサービス業を含む全ての組織において、組織の全ての資源、仕組み及び全ての活動は、最終のアウトプット（規定の品質の製品又はサービス）を継続して提供するためにある。

製造業に限れば、目的とする品質の製品を効率的に製造するために諸々の仕組み（営業、企画、設計・開発、購買等のシステム）や製造工程（製造、検査、在庫管理等のプロセス）があり、これらの仕組みや工程を安定的に継続して管理する経営管理の仕組み（経営管理、目標管理、教育・訓練、情報管理、資源管理、環境管理等のシステム）がある。

したがって、品質マネジメントシステムの運用及び内部監査の有効性を向上させるためには、諸々の仕組みの監査（システム監査）と同様に製造工程の監査（工程監査）及び製品の適合性の監査（製品監査）を充実させることが関係者の責務である。

従来のシステム監査に工程監査及び製品監査を加え、これら3監査の個々の特性を意識した監査及びこれらの監査を統合したトレイル監査の実施により内部監査の有効性を向上させ、活性化ができると考え、ここに3監査の導入及び実施を提案する。

> この章のまとめ
> 内部監査の有効性の向上及び活性化のため、3監査（製品監査、工程監査及びシステム監査）及びこれらの監査を統合したトレイル監査を導入し実施する。

（参考）
1．顧客による工場監査（二者監査）では、新規取引開始前の品質管理能力調査を除き、顧客の購入製品の品質確保、又は重大不適合の再発防止等を目的に、工程監査及び製品監査に重点をおき実施されるのが一般的である。

2．監査の種類の全体像の把握のため、参考までに監査者による分類を表2-2-01「監査の種類」に示した。
　また、ISO 9000:2015/JIS Q 9000:2015「品質マネジメントシステム－基本及び用語」の3.13「監査に関する用語」の3.13.1項の監査の注記3に内部監査（第一者監査）及び注記4に外部監査（第二者監査及び第三者監査）の説明がある。

図 2-2-01　3 監査の相互関係

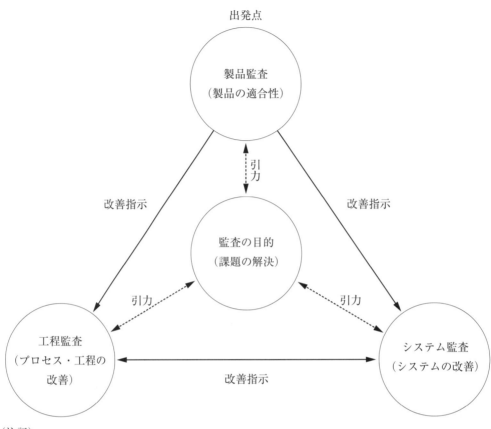

(注記)

要求事項に適合した製品を継続して製造・提供するためのプロセス（工程能力）及びシステム（継続性）である。
1) 各々の監査の結果に基づき、システムの見直し、プロセスの変更又は製品の改善を相互に実施する。例えば、製品監査の結果から、文書管理のシステムの不備を改善する。
2) 組織のその時の状況、監査目的により監査の軸足（重要視点）を変える。
3) 定期的（3年に1度程度）に3監査、全てを実施する。
4) システム監査を1回、工程監査を2回及び製品監査を3回の割合で実施する。
　製品監査の結果から、プロセスの弱点があれば工程監査を実施し、システムの弱点が考えられる場合は、システム監査を実施し、プロセス又はシステムを改善する。
　システム監査からプロセスのリスク又は製品の不備を指摘、改善するのではなく、製品又はプロセスの不備からシステムを改善する手順が自然である。
　（システムありきではない）
5) トレイル監査は、トレーサビリティを介してこれら3監査を同時平行し、3監査のいずれかに軸足をおき、一気通貫で実施する。

表 2-2-01　監査の種類

監査の対象による分類

番号	分類	特徴・目的
1	製品監査	監査の照準を製品（材料及び部品を含む）に合せた監査 製品の要求事項への適合性及び製品品質の信頼性（品質の安定性）を検証する
2	工程監査	監査の照準を製造工程に合せた監査 製造工程の要求事項への適合性及び工程の信頼性（品質及び効果・効率の安定性）を検証する
3	システム監査	監査の照準をマネジメントシステムを構成するシステムに合わせた監査 システムの要求事項への適合性及びシステムの信頼性（品質及び効果・効率の安定性）を検証する
4	トレイル監査	製品監査に軸足をおき、工程監査及びシステム監査を統合した監査で、トレーサビリティを辿り製品の製造工程に沿い、顧客との契約－設計－購買－生産計画－製造－納入の順に監査をする。又は、順序を逆に行う場合もある
5	目標監査	監査の照準を組織の目標達成活動に合せた監査 組織の目標、その目標を達成するための計画、計画の実施、進捗管理及び計画の見直し等の適切性を検証し、目標の達成率の向上を図る（G-PDCA の適切性を検証）
6	監視・改善活動監査	監査の照準を組織の監視及び改善活動等に合せた監査 組織の監視活動及び改善活動の 5M1I 及び 6W2H の設定及びその組合せの適切性を検証し、活動の効果・効率の向上を図る

（注記）
1）各監査の詳細は、本編第3章～第8章を参照する。
2）マネジメントシステムを構成する代表的なシステムは、第1編第3章「用語の定義」の 3.7 項を参照する。
3）「信頼性」については、「本書の記述上の約束事及び使用する用語について」を参照する。

（参考）監査の依頼者又は監査の実施者による分類

番号	分類	特徴・目的
1	第一者監査	自組織の監査担当者（内部監査員）による監査 自組織の実状に即した本音での監査及び指摘が可能
2	第二者監査	顧客又は顧客の代理の監査担当者（監査員）による監査 顧客又は製品等の使用者の視点に立った監査及び指摘が可能
3	第三者監査	自組織に対して利害関係のない第三者組織の監査担当者（監査員）による監査 第三者の視点からより客観的な監査及び指摘が可能

（注記）
ISO の認証登録の場合、組織にとり第三者である認証機関の審査員が審査する。

表 2-2-02　内部監査とその対象（JIS Q 9001:2015）

種類	対象	適用規格の関連する項番（参考）
製品監査	製品	8.2, 8.3, 8.5, 8.6, 8.7, 9.1, 10.2
	加工部品	同上
	購入品（材料、部品）	8.4, 8.5, 8.7, 9.1, 10.2
	検査・試験の実施者及び設備	7.1, 7.2
	上記の検査・試験記録	7.5
工程監査	工程中の加工品	8.5, 8.6, 8.7, 9.1, 10.2
	加工方法	8.1, 8.5, 8.6
	加工設備	7.1
	作業者	7.1, 7.2, 7.3, 7.4
	作業環境	7.1
	上記の加工記録及び設備の管理記録	7.5
	工程中の検査・試験方法	8.1, 8.5, 8.6
	検査・試験の実施者	7.1, 7.2, 7.3, 7.4
	検査・試験の環境	7.1
	検査・試験設備	7.1
	上記の検査・試験記録及び設備の管理記録	7.5
システム監査	経営管理	4, 5, 6, 7, 9.1, 9.3, 10.1, 10.3
	目標管理	4, 5, 6, 9.1, 10.1, 10.3
	内部監査	9.2
	情報（文書・記録）管理	7.5
	力量（教育・訓練）管理	7.2, 7.3
	顧客管理	8.2, 9.1
	設計管理	8.3
	購買管理	8.4, 8.5, 8.7, 9.1, 10.2
	生産管理	8.5
	製造管理（工程、設備、検査、品質保証）	7.1, 8.5, 8.6, 8.7, 9.1, 10.2

（注記）
1）通常の内部監査では、製品監査、工程監査及びシステム監査を同時、並行して業務の進行順に行われる。詳細は第3編で解説する。
2）製造管理には、作業環境、製造工程、検査工程、品質管理/品質保証及び設備管理を含む。

Break Time

是川銀蔵（最後の相場師、1897-1992）
「人間には、一生のうち二度や三度のチャンスはある。
それを生かすか殺すかの決断のために、日常の努力と精進、
そして真面目といった理論と実践とを通じて日夜思考の訓練を
重ねることが成功への確率を増進する。」
「『まだ、まだ』と思う心は、己の欲が言わせることで、現実は『もう』なのだ。」
「相場道は売り、買い、休みの三筋道なのである。」

チャーリー・マンガー（弁護士、投資家、ハーバード大学理事長）
「欲しいものを手に入れる一番確かな方法は、欲しいものに相応しい人間になろうと努力することです。」

ドナルド・トランプ（米国大統領、不動産王）
「一つの取引に臨む場合、これを成功させるための計画を少なくとも五つ六つは用意する。」
「私は自分で調査し、自分で結論を出す。」

ウォーレン・バフェット（天才投資家、「オマハの賢人」、慈善事業家）
「まずまずの企業を素晴らしい価格で買うよりも、素晴らしい企業をまずまずの価格でかうほうがはるかに良いのです。」

（『天才投資家「お金と人生」の名語録』桑原晃弥、PHP文庫）

第3章 製品監査と改善

　この章では、製品監査の説明、監査の手順、標準的な監査事例及び製品監査からの改善事例を解説する。
監査及び改善事例では、製品の監査から溶接作業者の技量検定方法を改善した事例及び漏洩試験方法を改善した事例の2件を解説する。
製品監査からの改善事例として製品の形状、品質及び機能等製品に直接関わる内容の改善事例で解説するのが望ましいが、製品の形状、品質及び機能に関連する変更（改善）の権限（設計権限）は通常顧客にあり、中小企業の場合これらに係る変更（改善）は容易ではなく、実際の変更（改善）事例も多くはない。
中小企業にとりより多くの変更（改善）の機会がある製造に関わる工程（製造及び検査工程）の実際の事例で解説する。

（参考）
製品の製造に関わる工程でも顧客との契約により顧客の承認を必要とする工程（「工程承認」）があり、変更（改善）に際しては、変更（改善）に関わる権限（設計権限）の所在を確認する必要がある。

3.1 製品監査の説明
　ここでは、製品監査の目的、製品監査の対象・範囲及び留意事項を解説する。

1）製品監査の目的
　製品監査の目的は、製品そのものの要求事項への適合性を検証すること及び製品の信頼性（品質の安定性）を検証することである。
・適合性の検証の方法は、製品の目視検査、並びに製造部門、検査部門及び品質保証部門等で既に作成された関連する製造記録及び検査・試験記録等の記録類を精査して行う。
・信頼性（品質の安定性）の検証の方法は、製品本来の機能を安定して発揮するに必要な要件を具備しているか？製品の目視検査、並びに製造部門、検査部門及び品質保証部門等で既に作成された関連する製造記録及び検査・試験記録等の記録類を精査し、製造記録及び検査・試験記録の数値のバラツキの大小（偏差値）及びその安定性を評価し判定する。
・必要な場合、既に実施された検査・試験の信頼性（記録類の正確性及び信憑性）を確認するため、規定の検査・試験を再度行い既に実施された検査・試験結果と比較し、その

信頼性を検証する。

ここでいう要求事項とは、製品に関する顧客及び法規制等の組織外からの要求事項、並びに、組織自体が規定した要求事項等全ての要求事項である。

なお、次の2)項で詳細を解説するが、製品監査では完成製品のみならず製品の構成品である材料及び部品も含め、そのものの要求事項への適合を検証する。

「用語の定義」

この章で使用する検査用語を次のように定義し解説を進める。

- **製品検査**：対象製品を外観確認、寸法・形状を測定及び機能等を試験し、その結果を製品の要求基準と比較し、基準への適合又は不適合（合否）を評価し判定する、及び必要な検査・試験記録を作成する。

  製品検査には、購入品（材料及び部品）に対する受入検査、工程中の部品に対する工程内検査及び完成品に対する完成品検査がある。

- **受入（品）検査**：材料及び部品等購入品が、購買仕様書等で規定の要求事項を満たすか否かを評価し、受領（検収）の可否を判定する。

- **工程内（品）検査**：工程内で行われる検査で工程の進展に応じて必要の都度行う。

  工程内にある加工中の材料及び部品が製品仕様書等で規定の要求事項（形状、強度、硬度及び耐食性等の処理の有無等）を満たすか否かを評価し、合否を判定する。

- **完成品検査**：組織の完成製品が製品仕様書等で規定の要求事項を満たしているか否かを評価し、合否を判定する。通常出荷及び運送のための梱包作業の前に行う。

  ここでは最終検査とはいわず、受入検査及び工程内検査に合せ完成品検査とした。

- **出荷検査**：製品そのものの検査ではなく、運送中の製品保護に必要な包装・梱包及び出荷書類（梱包品一覧表、納品書等製品と共に梱包される）の検査（出荷書類の過不足及びその正確性等）で梱包作業中及び梱包作業完了後に行う。なお、組織の判断により、製品検査に含める場合、含めない場合がある。

なお、上記に加え全ての検査で、必要な記録類の作成の過不足、その記録内容の正確性・信憑性及び記録類の維持・管理状態の適切性を判定する。

「受入検査」、「工程内検査」及び「完成品検査」と3監査（製品監査、工程監査及びシステム監査）の関係を表2-3-01「3検査と3監査」に整理した。

2) 製品監査の対象

製品監査の対象は製品であるが、次の二通りの考え方がある。

(1) 材料、部品及び完成品（最終製品）の全てを製品監査の対象とする。

但し、組織内で行う部品の加工工程そのものの監査は、「工程監査」に含める。

又は、

(2) 材料及び部品を工程監査の対象に含め、製品監査は完成品（最終製品）のみを対象とする考え方である。

(1) の考え方は、形ある物（有形物）－製品（材料、部品及び完成品）、それを製造する工程、並びに、長期的に同じ品質の製品及び同じ信頼性のある工程を維持するための仕組み（システム）に区分する考え方である。これに対して、(2) の考え方は、完成品に至る前は全て工程中にあり、材料及び部品も工程を構成する要素と考え、工程監査の対象に含める考え方である。

この解説書では原則、(1) の考え方により解説を進める。即ち、製品に組み込まれる材料及び部品、並びに完成品の全て（有形物）を製品監査の対象として扱う。完成品の製品監査時、その完成品を構成する材料及び部品が夫々に要求されている要求事項を満たしたものであるか否かを併せて検証する。

但し、重複する場合も生じるが、工程監査及びシステム監査の進行において必要な範囲で材料、部品及び製品の適合性の監査にも言及する。

3） 留意点

製品の検査・測定・試験に際し留意すべき点は、顧客及び法規制等組織外からの要求事項に対する適合性の検証は、顧客との契約に含まれる顧客の仕様書及び図面、並びに法規制等の要求事項そのものに照らして行い、社内の設計部門又は技術部門等が、顧客及び法規制等の要求事項を社内展開した結果として作成した社内発行の製品図、加工図及び社内仕様書等に基づき行うのではない。

これは、顧客の仕様書等を使用し検査をすることにより、組織外からの要求事項を社内図面及び社内仕様書等への社内展開時の誤り（不整合）及び不備等を検出し、その影響を製品の検査・測定・試験から排除するためである。また技術（設計）部門、製造部門及び品質保証（検査）部門の3権限（製品仕様の設定、製品の製造及び製品の品質確保の責任と権限）の分離を明確にし、夫々の部門の機能を向上させるためである。結果として、夫々の所属担当者のモチベーションも向上させることができる。

組織が組織として規定した要求事項については、組織で作成した規程類及び図面等の基準に基づき適合性を評価・判定する。

（参考） 3権分立（国会、内閣及び裁判所夫々の権限）を確保する。

留意点：完成品検査（試験を含む）及び出荷検査は、顧客及び法規制等の組織外からの要求仕様書等第1次（元々）の要求仕様書に基づき実施し、その要求基準に対する適合性を評価・判定する。

3.2 製品監査の手順

監査は、原則次の6ステップで実施する。

監査は、当該監査の目的（課題解決）に該当する製品を選定（サンプリング）し、対象製品の品質保証体系図、QC工程図、又は業務フローチャート等を参考に次のステップの順に実施する。

ステップ1　選定した対象製品に関する要求事項の調査・確認

監査対象製品（材料及び部品を含む）の要求事項に関する文書類を漏れなく調査し、要求事項を確認する。

要求には顧客、国及び市町村及び組織自身の定めた要求事項がある。

・顧客要求事項：顧客との取引基本契約書、品質保証・品質管理共通仕様書、当該製品に対する個別仕様書（仕様図面又は承認図等）及び注文書等に規定された要求事項がある。

・法規制等の要求事項：法令（国）、県及び市町村条例、並びに、業界団体等の協定又は覚書等の順守すべき事項がある。また薬品及び弾薬等特定の製品では特別の法規制がある。

・組織の定めた要求事項：製品規格及び設計管理規程等の規格・規程類、並びに加工図面等がある。

ステップ2　監査対象製品の概要を確認

選定した監査対象品と当該の注文書又は製造指示書を照合し、選定した監査対象品であることを確認する。

・注文又は製造指示の確認：当該品の注文書又は製造指示書と監査対象品の製品番号、製造ロット番号又はバッチ番号、製造数量（歩留り）、納期（生産計画）及び納入地（運送経路及び梱包に影響）を確認する。

ステップ3　監査対象製品の検証と課題の検出

監査対象製品、その検査・試験記録、検査・試験設備及び測定機器の管理、並びに検査・試験の方法の適切性を検証し、不適合又は弱点があれば課題として指摘する。

製品監査に関連し製造工程の記録（製造記録）を除き、製造設備及び製造方法、並びにそれらの記録類の検証は行わない。これらは工程監査で行う。

製造工程の記録（製造記録）は、製品に施された処理（熱処理等）の有無及びその処理の適切性を検証するため必要な範囲で製品監査に含める。

製品そのものの要求事項対する適合性及び製品の信頼性（品質の安定性）を検証する

ため、製品の状態を示す検査・試験等の記録、記録値の偏差値等を確認する。また、検査・試験等の記録の正当性を検証するため、検査・試験の設備及び方法、並びにその記録類を検証する。

(1) 製品外観の検証

　図面、図面に添付の構成部品表及び関連する製造記録等より製品形状、構成部品、使用材料、加工・処理内容等適用図面の要求事項と照合し、製品の外観及び構成部品等を検査し適合性を判定する。

(2) 検査・試験記録の検証

　・寸法等外形：適用図面の寸法と寸法測定記録（検査記録）とを比較、測定機器（校正・点検記録）及び測定方法の適切性、場合により測定環境（温度・湿度及び寸法・形状安定化条件）を確認し、要求事項との適合性を判定する。
　寸法には、平面度、直角度、同心円度、表面粗さ等を含む。

　・非破壊検査：該当する場合は、RT（放射線探傷検査）及びPT（浸透探傷検査）等非破壊検査記録を確認し、要求事項との適合性を判定する。

　・機能試験：適用仕様書及び図面等の要求機能と機能試験記録とを確認し、要求事項との適合性を判定する。また試験の実施者、試験の供試体、機能試験機（性能確認と校正）及び試験条件（要求試験条件と実施した試験条件のトレーサビリティーの確保）を合わせ確認する。

　・その他事項：不適合報告書又は特別採用報告書等が発行されている場合、必要な処置の承認者、修正等処置の内容、処置結果、再発防止処置、水平展開の要否及び規程・手順書への反映を確認する。

(3) 検査・試験設備の検証（一部重複）

　非破壊試験装置を含む検査・試験設備の管理記録（定期点検及び修理記録）及び測定機器の管理記録（定期点検及び校正記録）等の関連記録を確認し、予防保全（PM）を含むその管理の適切性を検証する。

　顧客の仕様書等から検査・試験設備に対する要求がある場合は、検査・試験設備が顧客仕様書及び組織の規程・手順書等の要求に合致した設備であることを確認する。

(4) 検査・試験方法の検証（一部重複）

　検査・試験の方法が顧客仕様書及び組織の規程・手順書等の要求に合致した方法であることを確認する。

　実施した検査・試験の方法及び条件について、顧客仕様書番号及び対象の検査・試験項目番号又はJIS規格番号及び検査・試験番号等その明確な根拠を記録し、要求検査・試験条件とのトレーサビリティを確保しておく。

場合により検査・試験・測定環境（温度・湿度及び寸法・形状安定化条件）を確認し、その環境が検査・試験・測定の結果に及ぼす影響を考慮する。

寸法・形状安定化：主に温度による形状変化の影響を防止するため、ある一定期間、被測定物及び測定機器を同測定・試験環境に保持し寸法・形状の安定化を図ること。

ステップ4　検査・試験記録の信頼性の検証（必要な場合）と課題の検出

検査・試験記録（非破壊検査等検査記録及び機能試験記録等を含む）の信頼性（内容の正確性及び信憑性）の確認が必要な場合、当該製品又は適切な試験片を使用し、製品と同じ条件で検査又は試験を立会で実施し確認する。
不適合又は弱点があれば課題として指摘する。

・寸法等検査記録：適用図面で測定が要求されている寸法（基本は、測定寸法の大・中・小の3寸法をサンプリング）及び3製品程度を選び測定する。当該部署で検査に実際に使用された測定機器ではない別の測定機器（校正済）で測定する。測定は当該部門の担当者又は監査員が測定し、その測定結果と当該被監査部門より事前に提供された検査記録（検査成績書等）とを比較し検査方法及び検査記録の正確性及び信憑性を判定する。別の測定機器を用いるのは、測定機器の測定精度のバラツキに関する情報を得るためである。

・試験記録：再試験による当該製品への損傷等悪影響が少なく、再度の試験が可能な（非破壊試験等）場合は、規定の試験機及び規定の条件で試験を再度実施し、その試験結果と当該被監査部門より事前に提供された試験記録（試験成績書等）を比較し、試験方法及び試験記録の正確性及び信憑性を判定する。

・製品の機能上、疲労試験及び引張り試験等製品の再試験が不可能な試験については、当該被監査部門より事前に提供された試験記録（試験成績書等）及び試験担当者への聞き取り等により、実施された試験及び試験記録の正確性及び信憑性を判定する。

当該試験記録等の確認結果から、さらに再度の試験が必要と判断された場合は、適切な試験片（サンプル）を別途準備し再試験を実施し、試験及び試験記録の信頼性（正確性及び信憑性）を判定する。

・溶接及び接着等その強度等の確認が必要な場合は、当該部の試験片（サンプル）を準備し、製品と同じ試験機及び同じ条件での破壊試験を実施し強度等を確認する。試験片（サンプル）は、製品の当該部分を代替するものでなければならない、またその寸法効果を考慮する。

(参考)
　寸法効果
部材や構造について、寸法上は相似関係にあっても強度や性能上での比例関係とは一致しないこと。(『デジタル大辞泉』)
構造が同じでも寸法が異なるために予想と違った結果が生じること。(『広辞苑』第6版)

ステップ5　原因の究明及び再発防止と改善の計画
　　監査により検出された課題について、監査の場で、参加者全員で表2-1-02「内部監査の場での監査の手順」、表3-2-02「内部監査で検出する課題の定義」、表3-2-03「再発防止処置及び改善の手順」及び表3-2-04「発生原因と原因の究明手法」を参考に、各々の原因の究明、並びに再発防止及び改善の計画を立てる。
　　また、再発防止及び改善が長期に亘る場合は、表2-7-01「実行計画表(品質目標管理表)」等を作成する。

ステップ6　監査結果のまとめ
　　監査結果を監査報告書(案)にまとめ、終了会議で報告する。
　　監査報告書(案)には次を簡潔にまとめる。
・監査総括：監査全般に亘る知見(監査結果に対する見解)を記述する。
・監査結果：監査部署ごとの監査の知見(監査結果に対する見解)、不適合及び提案等を具体的(必要な6W2H及び製品5M1Iを明確に)に記述する。
・次回監査への反映事項：次回監査の計画時に考慮すべき事項を明確に記述する。
　　なお監査報告書の詳細は、第3編第2章「監査の実施」2.3項で解説する。

3.3　製品監査の事例
　次に標準的な製品監査を「AL合金溶接オイルタンク」を例に解説する。
当該品の製品監査の視点を図2-3-01「製品監査の視点－AL合金溶接オイルタンク」及び製品監査チェックリストを表2-3-02「製品監査チェックリスト」に示した、併せて参照されたい。
(注記)
オイルタンク：ジェットエンジンの各駆動部へ必要な潤滑油を供給するためのオイル貯蔵タンク

製品監査
　監査の対象部署(被監査部署)及び対象製品は次の通りである。
製品監査として、対象製品に関する要求事項、製品の外観検査、構成部品の形状、寸法及び材質、寸法測定値の信頼性(測定値の正確性及び信憑性)を確認し、最後に機能試験(漏洩試験)に立ち会った。

1）被監査部署：品質保証部の製品検査課（製品検査及び機能試験を担当）

2）監査対象製品：1ロット、23個のAL合金溶接オイルタンク（材質：6061T6）

3）製品監査
(1) 要求事項の確認：対象製品に関する顧客及び法規制等の要求事項の確認、及びそれらの要求事項とそれを社内展開し作成した社内仕様書類との整合及び展開ミス等不備のないことを確認するため、顧客仕様書（Specification Control Drawing－仕様図を含む）と社内仕様書類（顧客承認図、製品規格書、加工図面及び検査規格等）とを照合し、これらの社内仕様書類が顧客要求事項等全ての要求事項を満たしていることを確認した。また、社内仕様書類に規定された加工方法及び検査方法等その作業手順を確認し、その妥当性を併せて確認した。

(2) 製品の外観検査：キズ、汚れ及び腐食等外観上の欠陥、溶接部周辺の酸化状態、並びに製品形状を目視により検査した。
溶接部については、溶接作業記録及びビード形状、熱影響部（HAZ）の範囲、酸化状態等を確認し、溶接作業者の力量は、定期「溶接能力検定試験記録」で確認した。
製品は、外観の全ての要求事項を満たし、溶接作業者の力量も適切で、不適合及び不備のないことを確認した。また、熱処理の適合性については外注先から提出された「熱処理成績書」により確認した。

(3) 構成部品の形状、材質及び加工の確認：全使用材料、フランジ及びシートメタル等全構成部品の材質をミルシート（MIL Sheet）、並びにその形状を顧客承認図面及び切削加工作業記録により確認し、これら構成部品の外観、材質及び形状が要求事項を満たしていることを確認した。

(4) 寸法測定精度の確認：顧客承認図面で寸法測定が要求されている指定重要寸法について、顧客承認図面の寸法数値（公差）と既に測定し記録済みの社内検査記録との照合を行い承認図面に規定の寸法公差内にあることを確認した。
また、寸法測定の測定精度の正確性を確認するため、当該の指定重要寸法（10個の寸法中3個の寸法）を校正済測定器で測定し、上記検査記録との照合を行い、両測定値の差異が微小（寸法公差の約1/8）であることより測定値の精度（正確性）及び検査記録の信憑性に不備のないことを確認した。

(5) 製品機能試験：監査の最後として、機能試験（漏洩試験）に立ち会った。
1ロット、23個は全数漏洩試験（使用流体：空気、規定圧力：5 kpa/cm^2 ± 0.5 kpa/cm^2、保持時間：5 min ± 30 sec）が実施され、全て合格品と判定された製品である。
当職場の合格製品の保管棚からランダムサンプリングで3個のタンクを抽出し、担当

の検査員により、顧客仕様書に規定の流体（空気）を使用し、規定圧力（5.2 kpa/cm^2）を規定時間（5 min + 10 sec）保持の漏洩試験を実施した。

試験結果：ランダムに選定した3個の内1個の製品の溶接部（溶接ビード上）からの気泡を確認した。漏洩は、毎分3～5個の気泡程度であった。（顧客仕様書の規定では、漏洩試験での漏洩は不合格である）

顧客仕様書及び社内仕様書から非破壊検査の要求はないが、当該品の溶接部及び近傍の表面上のクラックの有無及びその詳細を確認するため、蛍光浸透探傷検査（非破壊検査：PT）を実施し、溶接ビード上にヘアークラック（毛髪程度の細い、長さ数ミリの割れ）を確認した。さらに溶接部内部のクラック等溶接品質を確認するため、溶接部のX線検査（非破壊検査：RT）を実施した。

X線検査の結果、蛍光浸透探傷検査の結果と同様、溶接ビード部にヘアークラック1個を確認した。さらにクラックの詳細を調査するため、30倍率の拡大鏡を用い調査し、クラックは1.1～1.3 mm程度であることを確認した。

4）監査結果

規定の漏洩検査で合格と判定された製品から、監査時の再検査で、漏洩不適合製品1個が確認されたことにより、漏洩検査の信頼性に疑義が生じ、不適合製品及び漏洩試験について「不適合報告書」が社内手順どおり発行された。今回監査で検出された不適合は監査の場で短時間での解決は困難であるため、監査の場では解決の方向付けが決定され、今後、社内規定に従い、品質保証部、製造部及び技術部の担当者により、当該品の処置（修正処置等）、再現試験による使用流体、保持圧力及び保持時間等規定の試験方法の妥当性及び信頼性の確認、並びに、発生・流出原因の究明、再発防止処置等について調査されることになった。なお、監査終了後、規定通り監査結果について「監査報告書」が発行された。

3.4 製品監査からの改善事例

上述の3.3項の製品監査の結果、発行された不適合報告書について、監査の場で決定された解決の方向付けに従い、当該品の処置（修正処置等）、並びに規定の漏洩試験の信頼性の確認のための再現試験、再発防止処置及び手順書への反映等必要な処置が実施された。今回の不適合の最終的な改善の内容は次の通りである。

1）漏洩試験の信頼性の検証

顧客仕様書に規定の漏洩試験方法の信頼性を検証するため、全22個（1ロット23個の内、1個は漏洩確認済品）について、次の検証試験を実施した。

但し、検証試験による製品への損傷等悪影響を考慮し、保持圧力を高めた漏洩試験は採用

せず、保持時間を変えた試験を実施した。
既定の試験方法に基づき、規定の流体（空気）を使用し、規定の正規圧力（5 kpa/cm^2 ± 0.5 kpa/cm^2）の下、次の保持時間を掛け検証試験を行った。
検証試験の結果は次の通りであった。
正規の保持時間は、5 min ± 30 sec である。
正規の保持時間（5 min 10 sec）の再試験の結果：22個に漏れなし。
正規保持時間の1.2倍（6 min）の保持時間での再試験の結果：残り22個に漏れなし。
正規保持時間の1.5倍（7 min 30 sec）の保持時間での再試験の結果：1個に漏れ。
正規保持時間の2倍（10 min）の保持時間での再現試験の結果：残り21個に漏れなし。
検証試験結果：正規の保持時間及び1.5倍の保持時間で各1個に漏れが発生。
　　　　（全23個中2個に漏れ）
これらの結果より、保持時間、又は使用流体に対する保持時間の適切性に疑問が生じ、技術部、製造部及び品質保証部の担当者が対策を検討し、結果として、次の修正処置及び再発防止処置が決定され、実施された。

2）修正処置

　当該漏洩品（2個）は、製造部門へ引渡し、クラックを除去後、再溶接で修理し、修理後規定の1.5倍の保持時間での漏洩試験をすることが決定された。
なお、残り全21個（規定の2倍の保持時間の漏洩試験に合格）はそのまま使用する。
水平展開：
倉庫に保管のAL合金溶接オイルタンクの全在庫品（2アイテム、3ロット、42個）について、溶接部の非破壊検査（蛍光浸透探傷検査）を実施し、その検査結果により必要な処置を決定する。
（X線検査に比較し、比較的容易及び費用の少ない蛍光浸透探傷検査を採用した）

3）再発防止処置
(1) 溶接クラックの発生原因の究明と再発防止処置
　　発生原因：
　　a）溶接前のタンク本体のプレス加工品（AL 6061 T0）の材質、プレス品の嵌合状態及び溶接直前の洗浄状態、並びに溶接棒の材質と洗浄、アルゴン不活性ガス量、溶接電流・電圧値及び溶接冶具等を溶接作業記録と作業者への聞取り調査をしたが原因と推定される明確な要因は確定できなかった。
　　b）溶接作業者の技量について、当該作業者の溶接作業の経験年数は、社内の溶接作業者認定後14年で中堅の溶接作業者であった。当タンクの特殊形状の溶接継手の経

験は3ロット目であったが、溶接部の外観（ビード形状とその均一性、及熱影響部
－HAZ－の酸化状態）の観察から若干の溶接技量の不足が懸念された。

再発防止処置：

a）明確な発生原因とは推定できないが当該溶接作業者に当該継手を使用した溶接訓練及び再度の溶接技量検定試験を課し、検定合格後作業許可とする。（溶接作業者の技量訓練の追加）

b）6ヶ月ごとの溶接作業者定期技能検定に使用する溶接継手に当該継手（オイルタンク継手）を追加し、検定する。

c）非破壊検査（PT：蛍光探傷検査）を追加する。

製品検査規程に溶接継手部の蛍光探傷検査を追加し、溶接部の品質を確認し、不良品の流出を防止する。

効果の確認：

a）当該作業者が作製した溶接技量検定用継手の外観検査及び蛍光探傷検査を行い溶接品質を確認する。

b）溶接作業者技量検定手順書に当該溶接継手の追加を確認した。

c）当該製品の検査規程に蛍光探傷検査の追加を確認した。

水平展開：

・類似形状の継手を持つ他の製品で複雑、かつ特殊と考えられる2点の溶接継手を溶接作業者技能検定用の継手に追加した。

(2) 流出原因の究明と再発防止処置

流出原因： 上記の検証試験の結果より、顧客仕様書に規定の試験方法、使用流体（空気）と保持時間の組合せでは漏洩試験の検出能力に限界があると判定され、保持時間の延長、又は保持圧力の増加が検討されたが、作業効率の低下（保持時間の延長）及び製品への保持圧力による悪影響等が懸念された結果、使用流体の変更（空気より検出能力に勝る流体－ヘリウムガス）が決定された。

なお、顧客仕様書に規定の試験方法の変更（使用流体の変更）について、顧客へ「工程変更依頼書」を提出する。

再発防止処置：

・使用流体を空気よりヘリウムガスへ変更する。

今後、品質保証部によりヘリウムガスを使用した漏洩試験の検出能力を確認し、恒久的な試験条件を設定する。

保持時間の延長は作業効率を下げるため採用しない、また保持圧力の増加は製品への損傷等悪影響を考慮し採用しない。

効果の確認：

今後製造される当該 AL 合金溶接オイルタンクの異なる 3 ロット（約 6 ヶ月間を要する）について、上記の再発防止処置を実施し、再発防止処置の効果を確認する。当該製品より漏洩が検出されなければ効果ありと判断する。

水平展開：

倉庫に保管の類似の AL 合金溶接オイルタンクの全在庫品（2 アイテム、3 ロット、42 個）については恒久的な試験条件を設定後ヘリウムガスを使用した漏洩試験を実施する。

4）手順書等規程類への反映

関連する規程及び手順書に次を追加及び変更し、改訂した。

・「溶接作業者技量検定手順書」に溶接作業者定期技量検定の検定用継手に当該溶接継手及び類似継手の合計 3 点を追加した。
・「AL 合金溶接オイルタンク製品検査規程」に蛍光探傷検査（PT）及び漏洩試験の使用流体の変更（空気からヘリウムガスへ）及びその試験条件を追加した。

図 2-3-01　製品監査の視点－AL 合金溶接オイルタンク

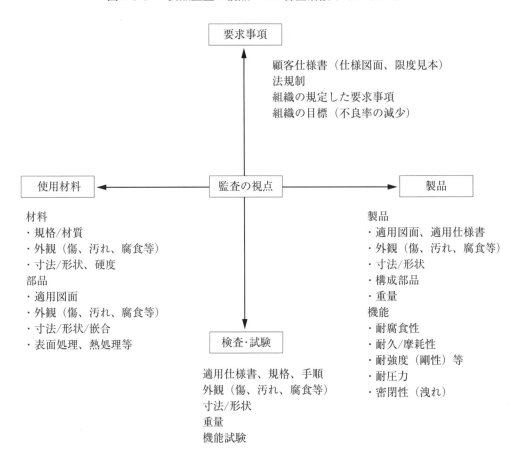

(注記)
1) 監査の焦点を製品におき、必要な範囲で関連する工程及びシステムを監査する。
2) 最終の検査・試験は、顧客仕様書に基づき全ての要求事項について実施する。
　 (社内仕様書・図面に基づくのではない。)

第2編 内部監査の工夫

表 2-3-01　3 検査と 3 監査

検査：当該品の要求基準に対する適否（合否）を測定及び試験等で確認し、その適否を決定すること。
監査：当該品の要求基準に対する適否を関連する各観的証拠（測定・試験の記録及び資料等）を確認し、適合の程度を決定すること。

区分	検査又は監査の対象	検査			監査		
		受入検査	工程内検査	完成品検査	製品監査	工程監査	システム監査
受入品	組織外から受入する物品（材料、部品及び外注加工品）	○			○		
	受入する物品に施された加工・処理及びその記録	○			○	△	
	受入する物品に適用された検査・試験及びその記録	○			○	○	
工程品	組織の工程中の部品		○		△	○	
	工程中の部品に施された加工・処理及びその記録		○		△	○	
	工程中の部品に適用された検査・試験及びその記録		○		△	△	
完成品	組織の完成品			○			
	完成に至る過程で施された加工・処理・組立及びその記録			○	△	△	
	完成品に適用された検査・試験及びその記録			○	△	△	
システム	経営関係：目標管理（マネジメントレビュー）				△		○
	内部監査						○
	情報管理（文書・記録、情報等）					△	○
	力量管理（人事、教育・訓練等）					○	○
	資源管理（設備、環境等）					○	○
	事業関係：顧客管理（営業、受注等）				○		○
	企画・開発・設計管理（新技術及び新製品）				○	○	○
	購買管理（購買品、外注加工品等）				△		○
	生産管理（生産計画、納期管理、在庫管理等）					○	○
	製造管理（工程、作業、製造技術等）					○	○
	品質管理（検査・試験、品質保証、管理技術等）				○	○	○

（注記）
○印：検査及び/又は監査の主要な対象を示す。
△印：場合により検査及び/又は監査の対象となる事項を示す。

表 2-3-02 製品監査チェックリスト

監査の対象：製品現品（関連する要求事項及び手順等を規定した文書類及び記録類を含む）

番号	項目（視点）	確認事項	確認（証拠）資料	検証結果
1	顧客要求事項	取引基本契約書 品質保証・品質管理要求仕様書 個別製品仕様書（図面等を含む）、注文書		
	法規制	関連する法・規則及び市町村条例 業界団体の協定及び覚書		
	自組織の要求事項	自組織の製品規格 顧客承認図面及び加工図面等 作業手順書等		
2	購入品（材料、部品）	取引基本契約書（購買用） 品質保証・品質管理要求仕様書（購買用） 購買管理規程、購買仕様書等 現品 　材料規格、材質、形状、寸法 　表面処理、硬度、塗装 　熱処理状態等付帯条件		
3	社内加工部品	製造工程管理規程、作業手順書等 現品 　材料規格、材質、形状、寸法 　表面処理、硬度、塗装 　熱処理状態等付帯条件		
4	製品	製品規格及び承認図 現品 　外観：構成部品の有無、キズ、汚れ、腐食等の有無 　形状：寸法、重量、表面粗さ、平行度、同心度等 　機能：強度、耐圧、耐久性、柔軟性、剛性等		
5	検査・試験の信頼性	検査：試験仕様書、検査手順書 記録の精査、聞取り 検査：試験の立会（必要時）		

（注記）
1）仕様書類は、適用版を確認し、適用版を使用する。（適用するのが最新版でない場合がある）
2）最終検査・試験は、顧客仕様書（承認図面等）に基づき実施する。

Break Time

「死馬の骨を買う」『戦国策』燕策 256

燕の昭王（在位：前311-前279）の師傳、郭隗が昭王に人材招致の眼目を説いた際に引用した話である。

「昔、ある男が王の命令で千里の馬（1日に千里を行くことができる馬）を買い求めに行った処、馬は既に死んでいた。男は馬の骨を五百金で買い取り、帰って王に報告した。『死んだ馬に五百金もだす馬鹿があるか』と王が立腹すると男は答えた。『死んだ馬さえ五百金で買ったのです。生きた馬ならもっといい値で買ってくれる、ときっと評判になります。』果たして一年も経たないうちに、王は千里の馬を3頭も手に入れることができた。」

第4章　工程監査と改善

この章では、工程監査の説明、監査の手順、標準的な監査事例及び工程監査からの改善事例を解説する。
監査及び改善事例は、
(1) 塗装工程の監査から表面処理（洗浄）液の濃度管理の方法を改善した事例
(2) 在庫管理の監査から有効期限付材料及び鉄鋼材料の端材の保管方法を改善した事例
の2件を解説する。

4.1　工程監査の説明

ここでは、工程監査の目的、監査の対象・範囲及び留意事項を解説する。

1）工程監査の目的

工程監査の目的は、工程に関する要求事項への適合性を検証すること及び工程の信頼性を検証することである。

- 適合性の検証の方法は、工程中の作業の立会、並びに製造部署、検査部署及び品質保証部署等で既に作成済の関連する製造記録及び検査・試験記録等を精査して行う。
- 工程の信頼性の検証の方法は、当該工程の目的（機能）に対して、QCDSEを意図（目的）した水準に長期に亘り安定して維持できるか否かを、工程の立会、工程を構成する5M1I及び6W2Hの組合せの適切性を評価し判定する。
- 必要な場合、既に実施された検査・試験の信頼性（記録類の正確性及び信憑性）を確認するため、規定の検査・試験を再度行い、既に提出済の検査・試験結果と比較し、その信頼性を検証する。

ここで言う要求事項とは、製品に関する顧客及び法規制等の組織外からの要求事項、並びに、組織自体が規定した要求事項等全てを含む要求事項である。

「用語の定義」

ここで使用する用語及び工程内検査と工程監査を次のように整理し、定義し解説を進める。本編第3章3.1項「用語の定義」を併せ参照する。

- **工程の信頼性**：製造工程のQCDSEを意図（目的）した水準に効果的に、効率的に、安定的に維持できることに対する安心の程度。
- **検査・試験の信頼性**：検査・試験の装置、方法、結果及び記録の正確性及び信憑性に対する安心の程度。
- **工程の効率**：製造工程からの成果（アウトプット）に対するその成果を出すに必要な資源（5M1I）、即ち製造工程の費用対効果。（効果÷費用）

- 工程内検査：

  a）製造工程内で行われる検査で製造工程の進展に応じて必要の都度行う。工程内にある加工中の材料、部品及び加工済品のそのものに対する要求事項（形状、強度、硬度及び耐食性等の処理の有無等）を満たしているか否かを目視検査、測定及び/又は試験し、その結果を要求基準と比較し、規定の要求を満たすか否かを評価し、合否を判定する。

  b）また、維持すべき必要な記録類を作成する。

- 工程監査：上記a）に加え、b）で作成された記録類の正確性及び信憑性を検証する。さらに、

  c）当該工程の各加工・作業が、適用する規程類及び手順書類に基づき、正確に実施されているか否かを判定する。

  これには、材料・部品、作業者、作業方法、製造設備及び検査・測定・試験装置等、その工程の全ての作業（活動）に係る事項（即ち5M1I及び6W2H）が対象となる。

  d）当該工程の効率について、改善の余地の有無を確認し、判定する。

  当該工程の目的（加工）をより効率的に加工する方法はないか、この加工方法が最良なのかをQCDSEの観点から判定する。

  即ち、工程監査＝工程内検査＋工程の要求事項への適合性及び工程の信頼性（工程のQCDSEの適切性）を検証する。

2）工程監査の対象

工程監査は、購入した材料及び部品を加工し部品を完成し、それら部品を組立て、製品を完成させるまでの全製造工程（加工及び作業工程）を対象とする。

3）留意事項

工程監査では、製品の全製造工程内における当該工程の位置付け（役割/機能）及び前後工程との連携、並びに最終製品の機能を認識したうえで監査する。

4.2 工程監査の手順

監査は、原則次の6ステップで実施する。

製品の全製造工程の内、監査の目的（課題解決）の対象となる工程を選定し、その製造工程を含む製品の品質保証体系図又はQC工程図及び業務フローチャートを参考に次のステップの順に実施する。

ステップ1　選定した対象工程に関する要求事項の調査・確認

対象工程の要求事項に関する文書類を漏れなく調査し、要求事項を確認する。

要求には、顧客、国及び市町村等行政機関及び組織自身が規定した要求事項がある。
- 顧客要求事項：製造工程についての要求は、通常、品質保証・品質管理共通仕様書、及び当該製品に対する個別仕様書（仕様図面又は承認図等）で規定される。

 また、顧客から特定の工程について「工程承認」（顧客による製造工程の承認）の取得の要求がある場合がある。

 その他の一般的な要求は、顧客との取引基本契約書で規定される。
- 法規制等の要求事項：国の法令、県及び市町村条例、並びに、業界団体等の協定又は覚書等の順守すべき要求事項がある。

 これらは周辺社会に対する環境保全、汚染防止・予防の観点から、主に製造工程からの産業廃棄物及び有害物質の排出制限とその処置に関する要求事項である。

 一方組織内に対して、職場の作業環境（騒音、振動、粉塵及び安全等）の保全・改善に関する順守すべき事項がある。
- 組織の要求事項：当該製品の適用仕様書（製品規格及び製品図等）、製造工程管理規程、設備管理規程及び作業環境管理規程等の規程類及び塗装作業手順書及びプレス加工手順書等の作業手順書（条件票等を含む）類の順守すべき事項がある。

ステップ2　対象製造工程のレイアウト及び工程の概要を確認

工場全体及び対象工程のレイアウト（配置）、設備の配置、作業動線、工程中の材料及び部品、並びに品質保証体系図、QC工程図及び工程フローチャートを参考に次の事項の概要を確認する。

- 加工部品：加工前の材料及び部品、加工中の部品、並びに加工済部品。（工程の成果物）
- レイアウト：通路、前後工程を考慮した作業の動線、設備の配置、加工前材料・部品の供給、加工後の部品の搬出、工具・消耗品の供給、作業指示書等での作業指示方法。
- 工程：インプット及びアウトプット、制約条件（適用図面及び適用仕様書等）、可使資源（作業方法、設備、作業者等5M1I）及び6W2Hの確認。

 （参考）プロセスの5要素：プロセスの目的、インプット、アウトプット、コントロール（制約条件）及びリソース。（可使資源）
- 製造作業の流れ（フロー）：工程内の作業の構成及び作業の順序。（作業の動線）
- 製造指示内容：作業指示書（品名・番号、数量、作業者及び作業日）、作業手順書（作業・加工方法、作業条件表）及び作業記録様式。

ステップ3　当該工程（製造及び検査・試験工程）の検証と課題の検出

工程監査では、工程内にある加工中の材料及び部品の顧客図面及び社内加工図面等の

要求事項に対する適合性、工程内の加工・作業（加工・作業方法、作業者、設備及び関連する記録）の加工手順書、工程内で行う検査・試験（検査・試験方法、検査・試験員、検査・試験設備及び関連する記録）の検査・試験手順書及び設備管理規程等の要求事項に対する適合性、並びに工程の信頼性（工程の品質及び効果・効率を含む工程の安定性）を検証する。

(1) 工程内の加工部品の検証

　　加工部品の外観、作業記録（作業内容、使用材料と部品、使用機械、作業者及び作業日等の記録）及び検査・試験記録（検査方法、測定機器、検査員及び検査日等の記録）を検証する。

・外観：傷、割れ、汚染、腐食等。

・寸法：寸法測定記録（検査記録）、適用図面の公差内でのバラツキ、場合により測定環境。（温度、湿度及び寸法安定化条件）

　寸法には、平面度、直角度、同心円度、表面粗さ等を含む。

(2) 加工・作業方法、作業者及び製造設備、並びに関連する記録類の検証

　　加工・作業方法、作業者、作業環境、設備の管理及びこれらに関連する記録の適切性を検証する。

・加工・作業方法：適用する規程類及び手順書への適合性。

　適用仕様書及び図面等の要求事項に基づく、機械切削、板金、プレス、溶接、熱処理、表面処理、メッキ、接着、塗装等の部品加工工程及びその組立工程の妥当性及び適切性について当該加工・処理・組立記録（外注先から提供される加工記録及び検査成績書等を含む）の確認。

・作業者：作業者の適格性。

　作業者の力量（教育・訓練、経験、資格）評価及び力量の定期的な確認。（定期技量検定等評価方法）

・作業環境：作業場の6S、特に安全の確保。

・設備の管理：加工設備の維持管理。（定期点検、日常点検及び修理内容等）

・上記に関連する記録類：作業記録（作業内容、作業条件、使用材料と部品、使用設備、作業者、作業日等）及び設備管理記録等要求事項に対する記録内容の確認。

(3) 検査・試験の方法、検査・試験員及び検査試験・測定の設備、並びに関連する記録類の検証

　　検査・試験の方法、検査・試験員、環境、検査・試験設備の管理及びこれらに関連する記録の適切性を検証する。

・検査・試験の方法：適用する規程類及び手順書への適合性。

　検査及び試験方法の根拠（顧客仕様書番号、項目及びJIS規格等の規格番号、試

験名、項目番号等）を明確に記録し、顧客仕様書等で規定の検査・試験方法と実施した検査・試験方法とのトレーサビリティを確保しておく。

- 検査・試験員：担当者の適格性。
  担当者の力量（教育・訓練、経験、資格）評価及び力量の定期的な確認。（定期技量検定等評価方法）
- 検査・試験・測定環境：測定環境（温度・湿度及び寸法安定化条件）の適切性を確認。
- 検査・試験設備：検査・試験設備の管理（定期点検、日常点検及び修理内容等）、測定機器の適切性。（校正及び点検記録）
- 上記に関連する記録類：検査・試験条件表等要求事項に対する記録内容の確認。

(4) その他事項

不適合報告書又は特別採用申請書等が発行されている場合、処置の承認者、修正等処置の内容、処置結果、再発防止処置、水平展開の要否及び規程・手順書への反映の適切性を確認する。

以下のステップ4～ステップ6は、本編第3章「製品監査と改善」の3.2項「製品監査の手順」のステップ4～ステップ6の内容と一部重複するが、「工程監査の手順」として再度記述しておく。

ステップ4　検査・試験記録の信頼性の検証（必要な場合）と課題の検出

検査・試験記録（非破壊検査等検査記録及び機能試験記録等を含む）の信頼性（内容の正確性及び信憑性）の確認が必要な場合、当該品又は適切な試験片を使用し当該品と同じ条件で検査又は試験を立会で実施し確認する。不適合又は弱点があれば課題として指摘する。

- 寸法等検査記録：適用図面で寸法測定が要求されている寸法（基本は、指定の測定寸法のうち大・中・小の3寸法をサンプリング）及び3部品程度を選び測定する。当該部署の検査で実際に使用された測定機器ではない別の測定機器（校正済）で測定する。測定は当該部門の担当者又は監査員が測定し、その測定結果と当該部門より事前に提供された検査記録（検査成績書等）とを比較し検査方法及び検査記録の正確性及び信憑性を判定する。
  当該部署の検査で実際に使用された測定機器ではない別の測定機器（校正済）を使用するのは、両測定器の測定精度のバラツキに関する情報を得るためである。
- 強度試験等：当該試験記録の確認等から当該品の引張り強度又は疲労強度等の強度試験が必要な場合は、当該品を代替する適切な試験片（サンプル）を別途製作し試

験を実施し、試験の信頼性を確認する。
・破壊試験：溶接及び接着等その継手強度の確認が必要な場合は、当該品又は当該品を代替する試験片（サンプル）を製作し、当該品と同じ試験機、同じ条件での破壊試験を実施し確認する。試験片（サンプル）を使用する場合は、その寸法効果を考慮する。

（参考）
寸法効果は、本編第3章3.2項「製品監査の手順」ステップ4参照

ステップ5　原因の究明及び再発防止と改善の計画

監査により検出された課題について、監査の場で、参加者全員で表2-1-02「内部監査の場での監査の手順」、表3-2-02「内部監査で検出する課題の定義」、表3-2-03「再発防止処置及び改善の手順」及び表3-2-04「発生原因と原因の究明手法」を参考に各々の原因の究明、並びに再発防止及び改善の計画を立てる。

また、再発防止及び改善が長期に亘る場合は、表2-7-01「実行計画表（品質目標管理表）」等を作成する。

ステップ6　監査結果のまとめ

監査結果を監査報告書（案）にまとめ、終了会議で報告する。
監査報告書（案）には、次を簡潔にまとめる。
・監査総括：監査全般に亘る知見（監査結果に対する見解）を記述する。
・監査結果：監査部署ごとの監査の知見（監査結果に対する見解）、不適合及び提案等を具体的（必要な6W2H及び製品5M1Iを明確に）に記述する。
・次回監査への反映事項：次回監査の計画時に考慮すべき事項を明確に記述する。
なお監査報告書の詳細は、第3編第2章「監査の実施」2.3項で解説する。

4.3　塗装工程の監査事例
4.3.1　塗装工程の監査

次に「塗装工程」の工程監査により塗装膜の剥離現象からアルカリ洗浄槽の液濃度管理方法の改善の機会を検出した事例を解説する。
工程監査の視点を図2-4-01「工程監査の視点－塗装工程」に示した。

工程監査

監査の対象部署（被監査部署）及び対象工程は次の通りである。

1）監査対象部門：製造部製造3課（手動塗装及び自動塗装職場）

2）監査対象工程：塗装工程（AL合金プレス部品25個の塗装作業）

3）工程監査

　当組織の塗装は、塗装作業者による手動（ハンド）塗装及び塗装ロボットによる自動塗装が実施されているが、今回の監査では塗装作業者による手動塗装工程を監査した。
塗装品に関する要求事項、塗装職場のレイアウト、作業環境、塗装品、塗装方法、塗装装置、塗料及び塗装作業者等の適切性を次の（1）から順に確認後、最後に塗装作業の立会いを行い、その翌日塗装膜の剥離試験に立ち会った。

(1) 要求事項の確認：顧客仕様書（仕様図面）、社内塗装指示書（部品番号、数量、塗装完了期日、作業手順書番号等を記載）、社内加工図面（部品形状・寸法、塗装個所、塗装膜厚等を規定）、塗装作業手順書（前洗浄・脱脂方法、塗装方法、塗料等を規定）、及び塗装条件票（塗装ガン圧力、塗布回数、塗布順序、乾燥温度・時間－キャリアー速度等を記載）等の指示文書及びその要求内容を確認した。

(2) 塗装作業場の環境の確認：温度・湿度、気流、換気、粉塵、照度及び周囲からの仕切／遮蔽、並びに作業場の6S及び非常時の安全対策を確認した。

(3) レイアウト及び塗装設備の確認：アルカリ洗浄槽、水洗槽、塗装装置及び乾燥炉等設備の配置、保守・管理状態、これら装置に付属の温度計及び圧力計、並びに膜厚計の校正状態を確認した。

(4) 供給圧縮空気の清浄度の確認：ガラス板への圧縮空気の吹き付けによる油分の有無確認、圧縮機のフィルターの交換頻度とその記録、フィルターの規格、圧縮機の定期点検（法規制の要求事項）及び日常点検記録を確認した。

(5) 塗装作業者の力量の確認：作業者の塗装経験、教育・訓練及び必要な内外資格（顧客及び社内の塗装作業者認定等）、視力検査の結果等力量及び身体的能力、並びに作業者の服装（長袖）、手袋、マスク、眼鏡、耳栓（必要時）等の規定とその使用状態を確認した。

(6) 塗装作業の立会：塗装前部品の清浄状態、アルカリ洗浄槽の濃度管理状況（液濃度管理図）、使用塗料の購入日・有効期限、塗装ガンの洗浄、塗装圧力、塗装順序、塗布回数等を確認し、塗装品25個及び剥離試験用のテストピース2個の塗装に立ち会った。剥離テストピースは塗装品と共に乾燥後、剥離試験を実施する。
監査において、塗装に対する要求事項、塗装環境、塗装設備、洗浄槽、塗料、塗装作業者及び塗装作業（塗装ガンの洗浄、塗装圧力、塗装順序、塗布回数）等を確認したが不適合及び不備は確認されなかった。

(7) 膜厚測定及び剥離試験の立会：剥離試験は、監査初日の翌日、監査時に作成した剥離試験テストピースを用い、JIS K 5600-5-6:1999（ISO 2409:1992）に準じた方法で実施

した。
試験結果
膜厚測定結果：校正済膜厚計で測定した結果、規定の膜厚範囲（30μ±10μ）にあり合格であった。
剥離試験結果：最初にテストピース2個を用いた剥離試験を実施したが2個共不合格（塗装面に施した2本のスクラッチ近傍の塗装膜の剥がれを確認）であった。次に同時に塗装した塗装品（3個をサンプリング）についても同様の剥離試験を実施したが同じく不合格であった。
テストピース2個及び塗装品の一部（3個）の剥離試験の結果が不合格と判定され、当該塗装品全品（25個）が不合格と決定された。

4）監査結果

上記の剥離試験の不合格に対し、社内規定に基づき不適合報告書が発行されたが、監査で検出された不適合は監査の場で短時間での解決は困難であるため、監査の場では解決の方向付けが決定され、今後社内規定に従い、品質保証部、製造部及び技術部の担当者により当該品の処置及び再発防止処置が検討されることになった。
また塗装工程の監査の総括として監査報告書が発行された。
監査報告書の詳細は、第3編第2章「監査の実施」2.3項「監査結果の纏め」参照。

4.3.2 監査からの改善事例

4.3.1項の工程監査の結果、発行された不適合報告書について、監査の場で決定された解決の方向付けに従い、当該品の処置（修正処置）及び原因の究明等が検討された。検討結果の概要は次の通りである。

塗装（接着）不適合
1）修正処置

不適合報告書により、不合格と判定された当該ロットの全数（25個）を修正する。
但し、修正方法は今回の不適合の発生原因の究明及び再発防止処置（効果の確認を含む）決定後、新たな手順に基づき実施する。
水平展開：顧客仕様書で剥離試験の要求のある塗装品は、その全てのロットについて、ロットごとにテストピースによる剥離試験が実施され、その結果合格品のみが出荷されている、また倉庫に残る在庫品も同じく合格品であり、修正の対象としない。

2）発生原因の究明と再発防止処置

発生原因：塗装工程において、塗料の接着不良に影響すると考えられる次の要因についてその作業記録を確認した。
- 塗装膜厚：膜厚
- 塗装面の清浄度：脱脂槽の液管理図の濃度・温度及び水洗槽のpH
- 塗料の劣化：有効期限及び溶剤との配合比
- 圧縮空気の清浄度：空気の油分（ガラス片へ圧縮空気を吹き付け油分を確認）
- 乾燥条件：乾燥温度及び乾燥時間

これらの作業記録を確認したが、全て規定値内にあり、明確な発生原因は把握できなかった。これらの要因の内、その影響度が最も大きく、可能性が高いと考えられる塗装面の清浄度について、再度アルカリ洗浄槽の濃度を測定した。

測定結果は、当該品の処理後2日間が経過し、処置当日と若干の濃度差は考えられたが、アルカリ洗浄槽の濃度値が規定の管理限界域（ゾーン）の下限界の外にあり、アルカリ洗浄の洗浄力不足が懸念され、塗膜剥離（接着不良）の原因になり得ると推定された。

アルカリ濃度は定期的（1回/月の測定及び必要量のアルカリ追加）に測定・管理され、濃度管理図に測定ごとに記録（プロット）されている。当該の濃度管理図上全ての測定値（プロット点）は管理限界域（ゾーン）内にあり、管理図上では濃度の異状の把握は不可能であった。

アルカリ洗浄槽のアルカリ濃度は、測定から次の測定までの期間の洗浄品の処理量に大きく左右されるため、規定濃度の維持管理は、洗浄処理量と濃度測定頻度、並びにその測定結果と、アルカリの追加量を常に把握しておく必要がある。

例えば、処理量が多い場合は測定頻度を増し、液濃度をこまめに把握し必要な処置をとる等の配慮が求められる。

再発防止処置：塗膜剥離の原因となりうる多くの要因の内、最も可能性が高いアルカリ洗浄槽のアルカリ濃度の管理について、生産技術部門及び品質保証部により洗浄処理量と濃度測定頻度、及び測定結果に基づくアルカリ追加量、並びに管理限界域（ゾーン）の再設定（規格限界は変更せず）等、洗浄液管理方法を再検討することになった。

また洗浄液管理方法を再設定後、関連する手順書を改訂することになった。

3）流出／放置原因の究明と再発防止処置及び効果の確認

　塗装膜の剥離試験は、洗浄処理バッチ（塗装ロット）ごとのサンプルによる試験ではあるが、今後共、塗装膜の剥離試験により不合格品の流出が防止できるので流出原因の究明及びその再発防止処置は行わない。

4）その他

剥離試験の要求のない塗装品の塗膜の密着強度の保証及びその検査方法等について、生産技術部門で検討することになった。

4.4 在庫管理の監査事例
4.4.1 在庫管理の監査

在庫管理の工程監査から資材の有効期限管理及び識別管理（ペア対応の原則）の不適合を検出した事例を解説する。

工程監査の視点を図2-4-02「工程監査の視点－在庫管理」に示した。

　ペア対応の原則：現品とその現品の内容（状態）を記録した書類を常にセット（一対）で取扱う（保管及び移動）こと。

工程監査

生産管理部資材課倉庫係（倉庫職場）を監査した事例を解説する。

1）監査対象部門：生産管理部資材課倉庫係（第2倉庫職場）

2）監査対象工程：在庫管理（倉庫管理）

3）工程監査

先ず第2倉庫事務所で下記事項を確認し、その後第2倉庫（冷凍庫及び冷蔵庫を併設）へ行き、監査を実施した。

(1) 要求事項の確認：保管資材に関する要求事項を規定した倉庫管理規程及び冷凍・冷蔵庫管理規程等の規程類、並びに、接着剤及び塗料類の有効期限及び在庫品のプリプレグ（接着剤含浸布）等の冷蔵・冷凍温度等特別な条件の下で保管が必要な資材及びその条件を確認した。

(2) 在庫品の台帳の確認：在庫管理表（第2倉庫）により、保管中の在庫品の種類（特に、溶剤等危険物及び有効期限の制限ある材料等）、数量及び保管期限等を確認し、数点をサンプリングし、第2倉庫で現品との照合、確認するため監査チェックリストにメモをとった。

以下第2倉庫（現場）において、倉庫の外部環境、倉庫内のレイアウト及び倉庫設備の確認、資材の受領・検品作業、自動倉庫の操作、冷凍庫/冷蔵庫への搬入及び保管作業、庫出作業及び冷凍庫/冷蔵庫の安全装置の運転操作の立会を行い、次を確認した。

また、法規制及び条例等に定められた公官庁への許認可及び届出記録を確認した。

(3) 倉庫の設置環境の確認：倉庫周辺の側溝、資材運搬用車両の出入の便及び周辺住宅の有無等外部環境（騒音発生及び溶剤等の漏洩時のリスクの有無）

(4) 倉庫設備の確認：建屋、天井クレーン、自動倉庫設備、冷凍庫/冷蔵庫、CO_2 消火設備、スプリンクラー及び ABC 消火器等消火設備、棚類及びフォークリフト等設備、フォークリフト通路、歩行通路及び先入・先出のための棚の配置、並びに開梱及び梱包作業場等の倉庫内レイアウト

(5) 運搬作業の確認：天井クレーン操作者及びフォークリフト運転手の経験年数及び資格証の携帯

(6) 保管条件の確認：庫内温度、湿度、照度、気流、排気装置、冷凍庫/冷蔵庫の2重扉、自動倉庫設備、及び冷凍庫/冷蔵庫の温度管理（設定温度と実態温度、室内温度分布及び自動記録）並びに、設備類の管理（専門業者の点検及び自社の定期的な点検実績）

(7) 識別表示の確認：品名、品番、入庫日・数量、入庫担当者、庫出日・数量、庫出担当者、在庫残数量、保管期限、引当、ロット/バッチ番号/セリアル番号及び保管棚（エリア）番号等

(8) 保管状態の確認：現品と現品識別タグ（ペア対応の原則）、先入先出し、整理・整頓・清掃・清潔・節制・躾

　ペア対応の原則：現品とその現品の内容（状態）を記述した書類を常にセット（一対）で取扱う（保管及び移動）こと。

　例：保管中の物品とその識別タグ、納品物と納品書及び加工品と加工指示・記録票等

(9) ABC 管理の確認：重点管理、有効期限管理の方法及びその実施状況

　ABC 管理（重点管理）：物事の及ぼす影響の重大性の軽重に応じて分類し、その軽重に応じた管理をする。

(10) 安全対策の確認：冷凍庫/冷蔵庫の前扉への入室表示（赤色ランプ、入庫者名、入庫時刻及び出庫予定時刻）、内・外側からの開錠・非常警報、連絡手段、酸素濃度管理及び酸欠対策

(11) 県及び市町村等公官庁への許認可及び届出の確認：危険物倉庫の保管物（種類と制限数量）、現保管数量、届出期日及び管理責任者等の表示

これらの監査により、結果として次の2件の不適合が確認された。

① シーリング剤保管棚において、有効期限切れ（ガロン缶1個、3ヶ月期限切れ）が確認された。（有効期限管理と先入先出しの不徹底）

② 鋼材置場において、未使用鋼材と共に保管の端材鋼材現品に現品の内容を示す識別タグが付いておらず、端材鋼種の判別ができなかった。但し、鋼材の色及び光沢からステンレス鋼であることが確認された。

　鋼材の端材：径 22 mm ϕ × 1500 mm 2本

なお、フォークリフトの運転手がフォークリフト運転許可証を不携帯であったが、自身の通勤用自家用車から持参しすぐに提示したので指摘せず了承した。

4）監査結果

　組織の倉庫管理規程に対する上記不適合について、社内手順に基づき不適合報告書が発行され、その監査の場において再発防止/改善計画が検討された。
また監査の総括として監査報告書が発行された。
監査報告書の詳細は、第3編第2章「監査の実施」2.3項「監査結果の纏め」参照。

4.4.2　監査からの改善事例

　4.4.1項の工程監査の結果、発行された不適合報告書について監査の場で検討された結果に基づき当該品の処置（修正処置）、原因の究明、再発防止処置、効果の確認及び手順書への反映等必要な処置が実施された。今回の不適合の最終的な改善の概要は次の通りである。

1）シーリング剤の有効期限切れの不適合
(1) 現品の処置（修正処置）
　　修正処置：当該品の量が僅か（1ガロン）であるため、その使用可否を決定するための性能試験等を行うことなく再審委員会の判断で廃却と判定された。
　　水平展開：第2倉庫に保管の有効期限の規定のある全資材について、再度棚卸が実施されたが同様の不適合は確認されなかった。
(2) 発生原因と再発防止処置
　　発生原因：在庫管理の原則である「先入・先出」の不徹底による。
　　再発防止処置：塗料の保管棚の床板に傾斜をつけ、新品を常に棚の奥に入れ、手前の塗料缶を取り出すと自然に、常に古い缶が手前に出てくるように棚を改良する。（コンビニの飲料水の販売棚）
　　なお、塗料保管棚で試行し、小物・軽量の保管物品へ対象を順次拡大する。
　　また、大物・重量物については、今後の課題として生産技術部署が検討する。
　　効果の確認：次回の監査時に再発防止処置の実施状況及びその効果を確認する。
(3) 流出原因と再発防止処置
　　流出原因：資材の定期棚卸（2回/年）時、在庫管理表と在庫品及び現在庫量との照合、有効期限並びに資材の外観の傷等損傷を確認したが、有効期限の時期の確認に漏れがあった。
　　再発防止処置：
・これまで資材の在庫は、資材の種類ごとに纏め保管していたが、塗料及び接着剤等有

効期限の規定のある資材は全て纏めて別に保管場所を指定し、「有効期限材料保管棚」と表示しその他の資材と区分し保管する。
- また、在庫管理表の記載も他の資材と区別し、有効期限の規定のある資材を全て纏めて「有効期限材料台帳」として記載する。
- 有効期限の規定のある資材の保管場所に「品名、数量及び有効期限の３点セットを確認する」及び「有効期限の短い資材を手前に順に保管（先入先出し）する」を掲示し、注意を喚起した。
- 有効期限の規定のある資材は、他の資材と同様これまで2回/年、同時期に実施していたが今後は、有効期限の規程のある資材のみ別途、３回/年実施する。（対象資材の有効期限は６ヶ月又は６ヶ月以上である。）

効果の確認：次回の監査時に再発防止処置の実施状況及びその効果を確認する。

(4) 手順書等規程類への反映

倉庫管理規程に「有効期限付材料の管理」の項目を新たに設け、上記の再発防止処置等を規定し、その管理の詳細を明確にした。

2) 鋼材の識別管理（鋼種の判別）の不適合

(1) 現品の処置（修正処置）：

修正処置：鋼材の端材（22 mm φ × 1500 mm 2本）には鋼種を示す識別タグの添付及び鋼材に鋼種を示す印刷表示もなく、現品からは鋼種を判別できなかった。一方、在庫管理台帳の調査結果から同径の在庫鋼材（ステンレス鋼）は他になく、端材の外径より SUS 321 と判定された。当該品には識別表示のため、端材切口に SUS 321 を示す識別ペンキを塗布し、正規材料として保管した。

水平展開：鋼材以外の残材（綿布類、プラスチック顆粒類及び合成ゴム類等）について、在庫状況、識別状況及び整理整頓等の一斉点検が実施され、不鮮明な識別タグ（取付用針金付き票箋）の取替え、収納袋への表示及び整理整頓等必要な処置が取られた。

(2) 発生原因と再発防止処置

発生原因：

これまでも数件の同様事例が確認されている。現品に識別タグ（取付用針金付き票箋）を一旦は取り付けたがその後、保管中の取扱いにより識別タグが剥がれ落ちた可能性が高い。

また端材の形状・サイズにより現品への識別表示が困難な場合があり、識別表示がなおざりになる傾向があった。

再発防止処置：

未使用鋼材と端材との保管場所を完全に分離し、次のいずれかを採用する。
また識別タグは極力使用しない。使用する場合は他の識別方法と必ず併用する。

・製品の加工方法により端材が多く発生する鋼材は、端材置場にその鋼材（鋼種）のみを表示した専用の棚を設置し、その棚に保管する。但し、個々の端材には識別表示をしない。
・大きいサイズの鋼材等で棚に収納できない場合は、鋼材表面の数ヶ所（3ヶ所以上）に油性マジック等で識別表示し、専用の置き場所で保管する。
・端材が小さく、鋼材表面に識別表示できない場合は、端材端部の切口にペンキを塗布（ペンキの色により鋼種を判別）し識別表示する。

効果の確認：次回の監査時に再発防止処置の実施状況及びその効果を確認する。

(3) 流出原因と再発防止処置

流出原因：未使用鋼材と端材との混在保管により端材の識別表示（現品への識別表示又は識別タグ等）の有無及びその表示内容の確認が容易でなかったため、点検漏れがあった。

再発防止処置：未使用鋼材と端材との分離保管、大小端材のサイズ別保管及び端材保管用の専用棚の設置により、端材の識別確認が容易になった。

効果の確認：次回の監査時に再発防止処置の実施状況及びその効果を確認する。

(4) 手順書等規程類への反映

倉庫管理規程に「端材管理」の項目を新たに設け、上記の再発防止処置等を規定し、その管理の詳細を明確にした。

4.5 特殊工程等の監査での確認事項

特殊工程及びある程度の専門性が必要と考えられる業務の監査について、その業務を担当した職務経験がない内部監査員にとって監査が容易でない場合がある。
工程監査で確認すべき基本的かつ重要、及び最低限の事項をチェックリストに整理した。監査時の参考にされたい。また、組織の担当者として協力会社の工場監査（二者監査）を行う場合等に活用して戴きたい。

各チェックリストは、A4サイズ1枚に要点を整理した。
特殊工程の定義については種々の考え方がある。また、近年の新技術の開発及び新商品の出現等によりその定義も変わるだろうが、ここでは大企業を顧客に持つ中小製造企業の工程に的を絞り、次の8種及びある程度の専門性が必要とされる業務として1種類の合計9点についてチェックリストを準備した。

・特殊工程：溶接（アーク溶接及びシーム溶接）、表面処理、接着、めっき、熱処理、塗装、非破壊検査
・ある程度の専門性が必要な業務：クリーンルームの管理

(参考)

「特殊工程」の用語は、JIS Q 9001:2008 規格以降、規格の記述用語には使用されなくなったが、製造企業の製造部門では日常的に使用されているのでそのまま使用した。

なお、JIS Q 9001:2000 規格までの一連の規格では、規格本文及びその解説に「特殊工程」の用語が使用されていた。

図 2-4-01　工程監査の視点－塗装工程

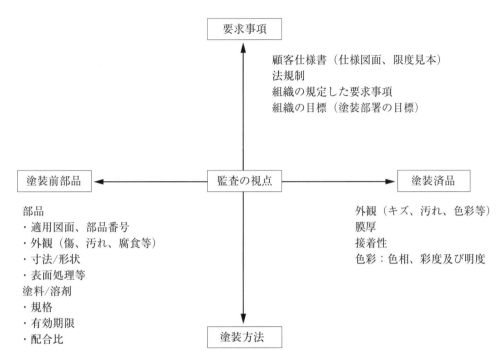

（注記）
監査の焦点を工程に置き、必要な範囲で関連する製品（材料及び部品を含む）及びシステムを監査する。

図 2-4-02　工程監査の視点－在庫管理

在庫管理の監査を図 2-4-01「工程監査の視点－塗装工程」とは異なり、プロセス（構成の 5 要素）の視点から監査を試みた。何れの方法でも容易な方法で監査対象の漏れを防ぐ。

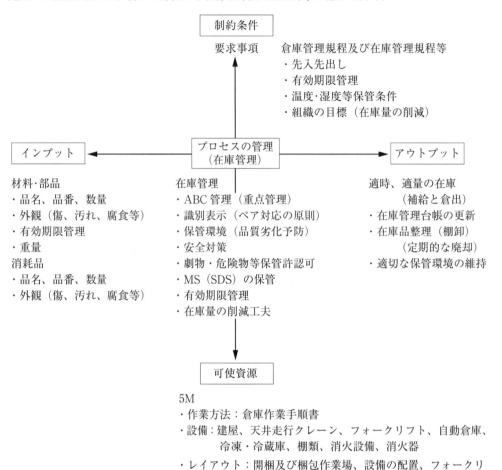

（注記）
1）インプット：材料、部品及び資材の受入
2）制約条件：倉庫管理規程及び在庫品管理規程等の要求事項（先入先出し及び保管条件等の規定）
3）可使資源：設備管理（日常・定期点検）状況、作業者の力量（法定資格、力量確認方法、確認頻度）、手順（倉庫作業手順書・適用版）
4）アウトプット：在庫品の適切な管理及び材料、部品及び資材の適時、適量の補給と倉出

表 2-4-01 特殊工程の監査チェックリスト
(基本的、重要及び最低限の確認事項)

特殊工程名：表面処理（洗浄、化学研磨、酸化皮膜処理、陽極酸化皮膜処理等）

番号	課題	確認内容	日付	監査員名
			評価	備考
1	組織内外の要求事項・内容	顧客要求仕様書（図面特記事項）、法規制 社内仕様書（処理手順書） 処理品の種類、形状、材質、数量及び特徴		
2	環境	工場の周辺環境、処理液及び反応ガス等の漏洩リスク		
3	作業場のレイアウト	処理槽及び水洗槽の配置ライン一処理液の汚濁防止 処理前後の部品の移動方法、臭気ガスの消臭装置		
4	処理装置の管理	処理槽の温度制御（撹拌方法、温度測定方法） コンプレッサー（空気の清浄度、送風量、フィルター交換） 乾燥炉（温度制御、移動速度、乾燥時間） 臭気ガスの消臭機フィルターの交換 装置類の管理（定期点検、日常点検記録）		
5	処理手順	液濃度・温度（分布）・処理時間 処理条件の根拠が明確（要求事項とのトレース可能） 電極部の劣化状態、ハンギング（タッチマーク位置）状態		
6	作業者の力量	教育・訓練、経験、資格の要件、定期的な教育・訓練及び力量評価 身体能力（視力、聴力、嗅覚、体力等）		
7	処理液の管理	液濃度管理図（規格限界、管理限界） 液濃度分析の頻度と液補充時期、補充量、記録、原液の保管		
8	処理品の保管	処理前後の清浄度、処理後の汚染予防		
9	処理品の梱包・出荷	梱包場、梱包資材の清浄度、破損予防の工夫		
10	廃液、廃棄物処理	廃棄物濃度、廃棄物の保管、最終処分（業者）、マニフェスト		
11	監督官庁への届出	危険物の保管・使用の許認可、届出		

(注記)
1) 酸化皮膜処理：パシベーション、アロジン処理等
2) 陽極酸化皮膜処理：アノダイズ処理等

表 2-4-02 特殊工程の監査チェックリスト
(基本的、重要及び最低限の確認事項)

特殊工程名：接着（プリプレグの製造ライン）

番号	課題	確認内容	日付	監査員名
			評価	備考
1	組織内外の要求事項・内容	顧客要求仕様書（図面特記事項）、法規制 社内仕様書（接着手順書） 接着品の種類、形状、数量、特徴		
2	環境	工場周辺の環境、臭気ガス漏洩のリスク		
3	作業場のレイアウト	装置のレイアウト、接着工程ライン、温度・湿度 作業場の清浄度－汚染防止、与圧 作業者の入室前洗浄の方法		
4	接着装置の管理	装置の制御装置（温度・速度・時間）、臭気消臭機 冷凍・冷蔵庫の管理（温度制御、安全装置） 装置の定期点検、日常点検、記録		
5	接着手順	接着剤（シェルフライフ：使用期限）、配合比 接着条件の根拠が明確（要求事項とのトレース可能）		
6	作業者の力量	教育、訓練、経験、資格の要件、定期的な教育・訓練及び力量評価		
7	接着剤の管理	保管温度・保管有効期限、使用量の記録 端剤の保管・使用		
8	接着品の保管	接着前材料の清浄度、処理後の汚染予防		
9	接着品の梱包・出荷	梱包資材の清浄度、汚染予防の工夫		
10	廃棄物の処理	廃棄物量、廃棄物の最終処分（業者）、マニフェスト		
11	監督官庁への届出	危険物の保管・使用の許認可、届出		

(注記)
プリプレグ：接着剤含浸布（航空機の機体及び主翼、並びに自動車の一部に使用されている）

表 2-4-03 特殊工程の監査チェックリスト
(基本的、重要及び最低限の確認事項)

特殊工程名：熱処理
特殊工程：熱処理（ステンレス鋼及びチタン等の真空熱処理）

日付		監査員名	

番号	課題	確認内容	評価	備考
1	組織内外の要求事項・内容	顧客要求仕様書（図面特記事項）、法規制 社内仕様書（処理手順書） 処理品の種類、形状、材質、数量、特徴		
2	環境	工場周辺の環境、想定外事故のリスク（騒音）		
3	作業場のレイアウト	処理炉、冷却炉の配置 処理品の移動方法、炉上クレーン		
4	処理炉の管理	処理炉の制御（真空度・温度分布・時間）、汚染防止 温度サーベイ（熱伝対・ライン・温度/時間記録計）の頻度 制御器～記録計のシステムの温度精度		
5	処理手順	真空度、ガス圧、温度、処理時間、処理記録 処理条件の根拠が明確（要求事項とのトレース可能）		
6	作業者の力量	教育・訓練、経験、資格の要件、定期的な教育・訓練及び力量評価		
7	処理ガスの管理	Ar等不活性ガスの純度、供給量		
8	処理品の保管	処理前の清浄度、処理後の汚染予防		
9	処理品の梱包・出荷	梱包資材の清浄度、破損予防の工夫		
10	冷却液等廃液の処理 （鉄鋼等の熱処理の場合）	廃液の種類・量、廃液の保管、最終処分（業者）、マニフェスト		
11	監督官庁への届出	危険物の保管・使用の許認可、届出		

(注記)

表 2-4-04 特殊工程の監査チェックリスト
（基本的、重要及び最低限の確認事項）

特殊工程名：塗装処理

番号	課題	確認内容	評価	備考
1	組織内外の要求事項・内容	顧客要求仕様書（図面特記事項）、法規制 社内仕様書（処理手順書） 塗装品の種類、形状、材質、数量及び特徴		
2	環境	工場の周辺の環境、塗装・臭気ガス漏洩のリスク		
3	作業場のレイアウト	塗装装置と乾燥炉の配置ライン 塗装品の固定・移動方法、乾燥炉内の移動		
4	塗装装置の管理	乾燥炉の制御（温度・時間・移動速度） 塗装機、コンプレッサ、フィルター交換 塗装ロボットの制御（塗装プログラム、塗装量、塗装順序、塗布回数、安全装置等）、塗装ガンの管理		
5	塗装手順	洗浄、プライマー、塗料、圧縮空気の清浄度 塗装条件の根拠が明確（要求事項とのトレース可能）		
6	作業者の力量	教育・訓練、経験、資格の要件、定期的な教育・訓練及び力量評価 身体能力（視力、聴力、嗅覚、体力等）		
7	塗料の管理	保管条件（温度）、有効期限管理、 配合比（量、重量、比重、使用期限、計測器の管理		
8	塗装品の保管	塗装前部品の清浄度、塗装後の汚染予防		
9	塗装品の梱包・出荷	梱包資材の清浄度、破損防止の工夫		
10	廃棄物処理	スラジ等廃棄物、廃棄物の保管、最終処分（業者）、マニフェスト		
11	監督官庁への届出	危険物の許認可・使用の許可、届出		

（注記）
塗装作業中は、保護マスク及び眼鏡を着用する。

表 2-4-05 特殊工程の監査チェックリスト
(基本的、重要及び最低限の確認事項)

特殊工程名：シーム溶接

日付		監査員名	

番号	課題	確認内容	評価	備考
1	組織内外の要求事項・内容	顧客要求仕様書（図面特記事項）、法規制 社内仕様書（処理手順書） 処理品の種類、形状、材質、数量及び特徴		
2	環境	工場の周辺環境、騒音リスク 供給電力の安定性		
3	作業場のレイアウト	シーム溶接ライン、粉塵の有無 シーム溶接機台数、洗浄槽、乾燥機 処理品の移動方法、クレーン		
4	溶接機の管理	定期点検（専門業者）、日常点検、点検記録 付属計器（電圧・電流、加圧）類の校正		
5	溶接手順	溶接条件（電圧、電流、加圧、速度）、溶接部の清浄 溶接条件の根拠が明確（設定条件とのトレース可能） 溶接材料・材質、部品の組合せ、嵌合・枚数		
6	作業者の力量	教育・訓練、経験、資格の要件、定期的な教育・訓練及び力量評価		
7	電極の管理	電極形状の劣化、電極材料、電極径・幅		
8	溶接品の保管	溶接前部品の清浄度、嵌合、処理後の汚染予防		
9	溶接品の梱包・出荷	梱包資材、破損防止の工夫		
10	廃棄物処理	使用済試験片及び溶剤等廃棄物、廃棄物の保管、最終処分（業者）		
11	監督官庁への届出	溶剤等危険物の保管の許認可、届出		

（注記）
溶接品質の確認は、溶接サンプルの断面を研磨し、腐食させ、その溶け込み状態を確認する。又は、破壊試験で母材からの破壊を確認し品質を保証する。

表 2-4-06 特殊工程の監査チェックリスト
(基本的、重要及び最低限の確認事項)

特殊工程名：アーク溶接

番号	課題	確認内容	評価	備考
			日付	監査員名
1	組織内外の要求事項・内容	顧客要求仕様書（図面特記事項）、法規制 社内仕様書（溶接手順書） 溶接品の種類、形状、材質、数量及び特徴		
2	環境	工場周辺の環境、供給電力の安定性		
3	作業場のレイアウト	工場内でのアーク溶接ラインの環境 溶接機台数、脱脂・洗浄槽 遮光、遮音、防塵、気流、粉塵		
4	溶接機の管理	定期点検（専門業者）、日常点検、点検記録 付属計器（電圧・電流）類の校正、溶接棒保管庫 遮光眼鏡、電極研磨機（グラインダー）		
5	溶接手順	溶接条件（電圧、電流、速度） 溶接条件の根拠が明確（設定条件とのトレース可能） 溶接材料・材質、部品の嵌合		
6	不活性ガス	ガスの種類（Ar, CO_2, N_2, He 等）、純度		
7	作業者の力量	教育・訓練、経験、資格の要件、定期的な教育・訓練及び技量評価 身体能力（視力）		
8	電極の管理	電極形状の劣化、電極材料、タングステン電極、被覆溶接棒（溶接棒の乾燥）		
9	溶接品の保管	溶接前部品の清浄度、嵌合、処理後の汚染予防		
10	溶接品の梱包・出荷	梱包資材の清浄、破損防止の工夫		
11	廃棄物処理	溶剤等廃棄物、廃棄物の保管、最終処分（業者）		
	監督官庁への届出	溶剤等危険物の保管の許認可、届出		

(注記)
溶接品質の確認又は保証はシーム溶接の（注記）参照のこと。

第2編　内部監査の工夫

表 2-4-07　特殊工程の監査チェックリスト
（基本的、重要及び最低限の確認事項）

特殊工程名：めっき

番号	課題	確認内容	日付	監査員名
			評価	備考
1	組織内外の要求事項・内容	顧客要求仕様書（図面特記事項）、法規制 社内仕様書（処理手順書） 処理品の種類、形状、材質、数量及び特徴		
2	環境	工場の周辺環境、処理液及び臭気ガスの漏洩リスク		
3	作業場のレイアウト	メッキ槽、水洗槽等の配置ライン、処理液の汚染防止 処理品の移動方法、乾燥炉		
4	処理装置の管理	メッキ槽、脱脂槽、水洗槽、コンプレッサー（空気の清浄度） 槽の制御・管理（温度、濃度、時間、清浄度）		
5	処理手順	液濃度・温度（分布）・処理時間 処理条件の根拠が明確（要求事項とのトレース可能） 電極部・通電部の劣化		
6	作業者の力量	教育・訓練、経験、資格の要件、定期的な教育・訓練及び力量評価 身体能力（視力、聴力、嗅覚、体力等）		
7	処理液の管理	管理図（規格限界、管理限界） 液濃度分析の頻度と時期、補充量、記録、原液の保管		
8	処理品の保管	処理前の清浄度、処理後の汚染予防		
9	処理品の梱包・出荷	梱包資材の清浄度、破損予防の工夫		
10	廃液処理	廃液濃度、廃液・廃棄物の保管、最終処分（業者）、マニフェスト		
11	監督官庁への届出	危険物の保管・使用の許認可、届出		

（注記）

表 2-4-08 特殊工程の監査チェックリスト
(基本的、重要及び最低限の確認事項)

特殊工程名：非破壊検査　　放射線探傷装置 (RT)、超音波探傷装置 (UT)
　　　　　　　　　　　　　磁粉探傷装置 (MT)、浸透探傷装置 (PT)

			日付	監査員名
番号	課題	確認内容	評価	備考
1	組織内外の要求事項・内容	顧客要求仕様書 (図面特記事項)、非破壊検査適用規格 社内仕様書 (非破壊検査手順書) 検査対象品の種類、形状、材質、数量及び特徴		
2	環境	工場の周辺環境、工場周辺へのリスクの有無		
3	作業場のレイアウト	製造工程のラインと検査ラインのレイアウト 検査品の移動方法、乾燥炉		
4	検査装置の管理	装置の定期点検・校正 (検出能力、操作能力) 記録 消耗品の交換、被爆品からの遮蔽能力 (RT)		
5	検査手順	検査手順書の定期的見直し 検査条件の根拠が明確 (要求事項とのトレース可能) 検査標準 (標準見本、限度見本) の維持・更新 脱磁後の残留磁気の検査 (MT)		
6	検査員	公的・私的資格の取得 (定期的な検定試験) 教育・訓練 経験、資格の要件、定期的な教育・訓練及び力量評価 身体能力 (視力、嗅覚)		
7	消耗品の管理	浸透液/現像液の有効期限 (PT)、磁粉 (MT)、X線放射管 (RT)		
8	検査品の保管	検査前後品の明確な識別 検査前の脱脂 (PT)		
9	不適合品の修正 (修理)	修正 (修理) 前の清浄度 (PT、MT、UT)		
10	廃棄物の処置	廃洗浄液及び磁粉の保管、最終処分 (業者)		
11	監督官庁への届出	危険物の保管、使用の許認可、届出		

(注記)
非破壊検査では、一般に検査員の資格 (公的及び組織) が要求される。

表 2-4-09 特殊工程の監査チェックリスト
(基本的、重要及び最低限の確認事項)

工程名：クリーンルーム

番号	課題	確認内容	日付	監査員名
			評価	備考
1	組織内外の要求事項・内容	顧客要求仕様書（図面特記事項）、法規制 社内仕様書（処理手順書） 対象品の種類、形状、材質、数量及び特徴		
2	環境	工場の周辺環境、近隣へのリスク発生の可能性		
3	作業場のレイアウト	工場内レイアウト、前後工程との接続、移動方法		
4	クリーンルームの管理	与圧装置（供給空気の清浄）、エアフィルター エアコン（温度・湿度管理）、ダストカウンター 管理条件の根拠が明確（要求事項とのトレース可能）		
5	管理手順	管理項目：清浄度、温度・湿度・与圧、エアフィルターの交換、 ダストカウンターの校正 製品搬入及び入室時の洗浄		
	異常時の処置	業務の中断と製品の保護、不良品の識別、安全の確保		
6	作業者の力量	教育・訓練、経験、資格の要件、定期的な教育・訓練及び力量評価		
7	消耗品の管理	エアフィルター		
8	処理品の保管	処理前の清浄度、処理後の汚染予防		
9	処理品の梱包・出荷	梱包資材の清浄度、梱包方法、破損予防の工夫		
10	廃棄物処理	廃棄物の保管、最終処分（業者）		
11	監督官庁への届出	危険物の許認可、使用の許可・保管、届出の要否		

(注記)

Break Time

『無門関』　中国宋代の禅僧 無門慧開(むもんえかい)（1183-1260）が編んだ公案集
「春に百花有り　秋に月有り　夏に涼風有り　冬に雪有り。
　若し閑事(もかんじ)の心頭にかくる無くんば、便ち是(すなわ)人間の好時節。」

「傘松道詠(さんしょうどうえい)」　道元禅師（1200-1253）
「春は花　夏ほととぎす　秋は月　冬雪さえて　冷しかりけり」

「布施・愛語・利行・同事」（菩提薩埵四摂法）
布施：損得勘定なくただ与えること
愛語：どんな人に対してもその人を想ってやさしい言葉をかけること
利行：自分より他人を利益(りやく)させる行動をすること
同事：自分と他人を同じものとして周囲と調和して行動すること

（『正法眼蔵』道元禅師）

第5章 システム監査と改善

この章では、システム監査の説明、監査の手順、標準的な監査事例及びシステム監査からの改善事例を解説する。

監査及び改善事例は、購買管理システムの監査から購買先評価の方法を改善した事例及びトレーサビリティを確保し、品質保証の信頼性を向上させた事例の2件を解説する。

5.1 システム監査の説明

ここでは、システム監査の目的、システム監査の対象・範囲及び留意事項を解説する。なお、マネジメントシステム、システム及びプロセス等については第1編第3章「用語の定義」を参照のこと。

1) システム監査の目的

システム監査の目的は、システムに関する要求事項への適合性を検証すること及びシステムの信頼性とシステムの有効性（効果）を検証することである。

・適合性の検証の方法は、顧客の品質保証・品質管理要求仕様書等に規定のシステムに関する顧客要求事項、システムに関する法規制及びISO等適用規格で要求されるマネジメントシステムとそれらの要求事項を基に組織で構築し、運用しているマネジメントシステムとの適合性を評価し判定する。

システムに関する法規制として、産業廃棄物の処理（マニフェスト管理）及び消防法に基づく危険物の取扱い等がある。

・システムの信頼性と有効性の検証の方法は、システム（仕組み）がそのシステムの目的を安定して効果的、効率的に達成し、その状態を長期に亘り維持できるか否かを評価し判定する。

ここで言う要求事項とは、システムに関する顧客、法規制及びISO適用規格等の組織外からの要求事項、並びに、組織自体が規定した要求事項等全ての要求事項である。

2) システム監査の対象

システム監査は、マネジメントシステム（経営及び管理の仕組み）を構成する全てのシステムを対象とし、ここでは、第1編第3章の「用語の定義」に示した次の10点のシステムをマネジメントシステムを構成する代表的なシステムとして扱う。

代表的なシステム：経営管理、目標管理、内部監査、情報（文書及び記録）管理、力量（教育・訓練）管理、顧客管理、設計管理、購買管理、生産管理及び製造管理。（10システム）

なお、製造管理システムには作業環境、製造工程、検査工程、品質管理/品質保証工程及び設備管理（測定機器の管理を含む）を含める。

3）留意事項

第1編第1章と重複するが、多くの組織で行われている監査は、製品監査、工程監査及びシステム監査を意識し行われているのではなく、システム監査に重点がおかれ、システムに関連し、必要な場合に製品監査又は工程監査が実施されているのが実状である。
重要な点は、夫々の監査の目的及び特徴を意識した監査を実施することである。

5.2 システム監査の手順

監査は、原則次の4ステップで実施する。
マネジメントシステムの内、監査の目的（課題解決）の対象となるシステムを選定し、次のステップの順に実施する。

ステップ1 選定したシステムに関する要求事項の調査・確認

監査対象システムの要求事項に関する文書類を漏れなく調査し、要求事項を確認する。

要求には顧客、国及び市町村及び組織自身からの要求事項がある。
・顧客要求事項：顧客からのマネジメントシステムに関する要求事項は、通常顧客の取引基本契約書及び品質保証・品質管理要求仕様書等で要求される。
・法令等の要求事項：システムに関する法規制及び公的規格の要求事項がある。
　例：産業廃棄物処理法、同施行令及び ISO 9001:2015 等
・組織の要求事項：組織が規定したシステムに関する要求事項。
　例：文書管理規程及び購買管理規程等社内規程

ステップ2 システムの運用及び運用記録の検証と課題の検出

(1) 当該システムのマネジメントシステム全体における役割の確認

監査対象のシステムのマネジメントシステム全体における位置付け（役割分担）を確認し、マネジメントシステムに及ぼす影響の軽重を理解する。

(2) システムの運用状況の検証（システムの適合性及び信頼性の検証）

・システムの適合性：監査対象システムに関する要求事項に対する適合性を検証する。
　例えば、購買管理システムでは、購買管理規程及び注文書発行手順書に基づく購買先の評価・選定及び注文書の発行等購買実務の遂行状況、並びに注文書の控及び受入記録等その業務遂行の記録、不適合報告書による不適合の処置記録、内部監査及

びマネジメントレビュー等の関連記録を確認し、システムに関する要求事項に対する適合性を検証する。
- システムの信頼性：組織のマネジメントシステムの目的を効率よく達成する視点から、当該システムの運用及びその結果を確認し、システムの運用の安定性及び効果・効率を検証する。

システムの安定性の検証：システムを構成する要素（5M1I等）の変化に対応しシステムを運用し、継続してその目的を達成することができるか否かを確認する。

システムの効果・効率の検証：システムを運用するための費用とシステムの運用による効果との比率、又はシステム運用の効果、即ち、システム運用による目的達成の有無、運用の確かな利点の有無を確認する。

システム運用の容易性（ムリ）、効率（ムダ）及び安定性（ムラ）を確認する。

システムの監査に関連し、工程監査の一部及び製品監査の一部を並行して行い、システム監査の検証を援用する。

ステップ3　原因の究明及び再発防止と改善の計画

監査により検出された課題について、監査の場で、参加者全員で表2-1-02「内部監査の場での監査の手順」、表3-2-02「内部監査で検出する課題の定義」、表3-2-03「再発防止処置及び改善の手順」及び表3-2-04「発生原因と原因の究明手法」を参考に、各々の原因の究明、並びに再発防止及び改善の計画を立てる。

また、再発防止及び改善が長期に亘る場合は、表2-7-01「実行計画表（品質目標管理表）」等を作成する。

ステップ4　監査結果のまとめ

監査結果を監査報告書（案）にまとめ、終了会議で報告する。
監査報告書（案）には次を簡潔にまとめる。
- 監査総括：監査全般に亘る知見（監査結果に対する見解）を記述する。
- 監査結果：監査部署ごとの監査の知見（監査結果に対する見解）、不適合及び提案等を具体的（必要な6W2H及び製品5M1Iを明確に）に記述する。
- 次回監査への反映事項：次回監査の計画時に考慮すべき事項を明確に記述する。

なお監査報告書の詳細は、第3編第2章「監査の実施」2.3項で解説する。

5.3 システム監査の事例

次に標準的なシステム監査を解説する。
AL合金溶接オイルタンクの切削部品を含む外注品の購買管理システムを監査し、購買先

評価の仕組みの改善及び購買品のトレーサビリティの確保による品質保証の信頼性を向上させた事例を解説する。

外注管理のシステム監査の視点を図2-5-01「システム監査の視点－外注管理」及び表2-5-01「システム監査チェックリスト－外注管理」を合わせ参照されたい。

システム監査

監査の概要は次の通りである。

1）被監査部署：資材部外注課（資材部の外注購買部門）

2）監査対象システム：外注購買管理システム

　今回の監査では、AL合金溶接オイルタンクのフランジ（AL合金の切削部品）を含む外注品の注文書の発行から注文品（フランジ等）の受入検査までの一連の外注購買管理システムを監査した。

3）システム監査

　監査は、先ず外注課事務所において外注先との契約関係書類、当該品関係の発注書類、外注先からの納品時の納品書類及び組織の受入れ関係書類を確認し、その後部品倉庫で当該品についての監査を実施した。

(1) 外注先との取引基本契約書、品質管理要求仕様書（外注用）及び当該品に適用される購買仕様書等契約関連文書類、並びに組織の外注購買の仕組みを規定した購買管理規程
(2) 直近の外注先評価記録、外注工場監査記録及び受入検査記録等の評価記録
(3) 注文書（注文品名・品番、納期、注文数量、外注加工図面、支給材料及び貸与冶具等の有無）及びその他の付帯要求事項の確認、並びに、これらの発行、配布・送付の仕組みとその実施状況
(4) 納期管理及びコミュニケーション（電話、ファックス及びメール）の実施状況
(5) 外注先からの部品納入時の納品添付資料（納品書及び検査成績書等）
(6) 組織の部品受入時の検証方法及び受入検査記録

等を外注課事務所において確認後、部品倉庫へ移動し、倉庫の合格品保管棚からランダムサンプリングで当該オイルタンク用切削品（フランジ）を含む在庫品3アイテム（3種類の部品）を選定し、これら現品の注文書、加工図面、外注先からの注文請書、納品書、外注先の検査成績書及び組織の品質保証部の受入検査記録、並びに現品の外観及び数量等主要事項を確認した。また、当該外注先へ配布した購買仕様書、品質管理要求仕様書及び数

点の加工図面をサンプリングしその改訂番号（版管理）を確認した。

外注先へ配布済の文書類の最新版の確認は、外注先へ既に配布されている文書の版番号を外注先に確認し、技術部に保管の当該文書の原本の最新版との照合を行った。

4）監査結果

　上記の監査の結果、外注購買業務は概ね良好な状態であったが、次の不適合及び提案（弱点）各1件が確認され、夫々不適合報告書及び提案報告書が発行された。

(1) **提案**：外注先を含む購買先評価の仕組みは、大型設備（製造設備、測定機器及び廃液処理施設等工場設備）を除き、材料（金属材料を含む全材料）、部品（カタログ品及びJIS等の標準品）、外注品（組織の設計による部品）及び消耗品等全ての購買品を同じ方法・基準（1回/年、QCDについて5点評価）で評価している。

　一般的に、購買品の評価は、購買品の種類、価格、数量及び購買品の組織の製品に与える品質（機能）等の重要度に基づき評価すべきであると考えられる。

　外注品と異なり、標準的な材料、カタログ品等の標準品は、夫々、他の使用者（購入者）により既に使用され、評価されており、JIS認定品であればJIS工場認定者の認定評価及び多くの使用者（企業）の使用評価を既に受け、必要な改良が既に実施されている。また同じく測定機器等も他の多くの使用者（企業）の使用を通しての評価を既に受けている。

　上記のように組織の製品品質上、軽重の影響のある多種多様な購買品を全て同じ方法で評価するのは合理的ではない。

　一方、複雑な製造設備及び高精度の測定機器等の評価について、我々使用者がその使用目的に必要な範囲の機能（能力、精度及び利便性等）を評価すれば良いのであり、高性能及び高品質（精度）の測定機器等の機器類の評価を専門家でない我々使用者が適切な評価をできるのかという疑問もある。

　これらの側面を考慮し、購買先の評価手法について提案（弱点）として指摘された。

(2) **不適合**：サンプリングした在庫品3アイテム（3種類の部品）のうち1点について、外注先からの納品書に加工図面の改訂番号（Rev. No.）の記載のないことが確認され、不適合として指摘した。因みに外注先からの検査成績書、組織の発行した注文書及び品質保証部の受入検査記録には加工図面の改訂番号（Rev. 5）は記載されていた。

　以上の2件について、不適合報告書（軽微不適合）及び提案報告書（弱点）が発行され、その場において再発防止/改善計画が検討された。

5.4 システム監査からの改善事例

5.3項のシステム監査の結果、発行された不適合報告書及び提案報告書について、引き続き監査の場において、これらの再発防止/改善計画が検討された。
監査チーム及び被監査部署がその場で、解決案の決定及びその場で解決ができない協力会社（外注先）に係る再発防止等の課題はその解決の方向付けが決定される。
今回の監査で検出された不適合等の最終的な改善の概要は次の通りである。

5.4.1 購買先評価の仕組みの改善（提案）

購買先の評価方法の改善事例を解説する。
(1) 修正処置
　修正処置：修正処置は不要とする。
　これまでの評価方法で評価した結果はそのまま有効とし、今回購買先評価の仕組みを改善し、次回定期評価時に新たに改善した方法により購買先を再評価する。
　水平展開：該当しない。
(2) 発生原因と再発防止処置
　発生原因：QMSの構築（2007年）時、外部のコンサルタントの指導を受け構築した仕組みで、一部疑問を感じつつも改善に踏み切れなかった。
　再発防止処置：今回の監査結果を踏まえ外注品を含む全ての購買先の評価の仕組みを次のように変更する。

購買品の新評価方法
グループ１．購入の都度、品質、納期、価格及び付帯サービス等（主に納期と価格）を基に購入先を評価し、選定する。
なお、不適合が発生した場合は、不適合の内容、購買品の組織の製品の品質に及ぼす影響を考慮し再評価する。
「対象購買品」
・一般市販品：ネットショップ販売品、カタログ販売品、JIS等認定品
・消耗品：燃料、副資材（製品の品質に直接影響しない副資材は除く）、工具類、アルゴンガス等ガス類、アルカリ洗浄液等溶剤類
・測定機器及び校正サービス：JIS認定品、ISO等認証取得会社
・材料：JIS認定材料、塗料、接着剤、溶接棒等
・サービス提供：運送、職場・作業場の清掃、粉塵・騒音等測定サービス

グループ2．従来の方法で評価（1回/年、QCDを5点評価）し、選定する。
「対象購買品」
・外注品：組織の仕様（設計）により加工、製造する部品及び製造・検査冶具等
・外注工程：熱処理、表面処理、メッキ、溶接、塗装及び非破壊検査等
グループ3．製造機械等高価な設備は2社以上から見積をとり、納期、価格、機能品質及び付帯サービス等を考慮し、設備投資委員会で検討、評価し、選定する。
「対象購買品」
・設備：製造設備、検査・測定機器、廃液処理施設等工場維持設備

上記を骨子とした仕組みに変更し、購買管理規程を改訂する。
効果の確認：次回の内部監査時に改訂済購買管理規程による評価の実施状況を確認し、新評価方法の有効性及び追加の改善の要否を判断する。
（内部監査チェックリストに新評価方法の監査の要点を追加しておく）

5.4.2 不適合（トレーサビリティ）の再発防止処置

外注先から提出の納品書の不適合（加工図面の改訂番号の記述漏れ）に対する改善事例を解説する。

(1) 修正処置

　修正処置：外注先へ次の処置を指示した。
　・当該品の適用加工図面（最新版）による再検査の実施
　・当該品及び納品書の再提出
　水平展開：当該外注先から納入された製品の納品書及び検査成績書を1ヶ月に遡り確認し、3点/全45件の同様の不備が確認され、同上の修正処置を指示した。
　因みに他の外注先3社の納品書を数点確認したが、同様の不適合は確認されなかった。

(2) 発生原因と再発防止処置

　発生原因：外注先へ「再発防止処置要求書」を送付し、再発防止処置を要求した。
　外注先の「再発防止処置要求書」の回答内容：これまで納品書を手書きで作成していたため、図面改訂番号の記入に漏れ（ヒューマンエラー）が生じた。
　再発防止処置：外注先が採用した再発防止処置案。
　今後、提出書類の作成は、全てPCで作成し、記入漏れの場合（改訂番号の記入欄を含め記入欄が空欄の場合）は、PC画面上でエラー表示がでる仕組みを採用し、再発を防止する。
　当組織の見解：外注先の再発防止処置案を確認し、この再発防止処置により再発が著しく防止されると考えられるため、この内容を承認した。

なお、品質管理要求仕様書には、品質管理上の要求（形態管理）として外注先からの納品書及び検査記録等関連する提出書類に加工図面の改訂番号の記載を規定している。一方、製品シリーズごとに発行する購買仕様書には、品質管理要求仕様書との重複記載を避け、今後とも同様の規定はしない。

当組織の処置：当組織の内部監査チェックリストに点検項目として外注先へ配布した文書類（仕様書及び図面等）の改訂番号の確認を追加する。

効果の確認：
・外注先の再発防止処置を承認し、今年度の外注先工場監査時、改善された仕組みの実施状況を確認し、その有効性を判断する。
・当組織の内部監査（1回/年）時に追加改訂したチェックリストを用い、外注先3社を選定し、3社からの提出書類（3点以上）の適切性（仕様書及び図面等の改訂番号、並びにロット番号の記述等形態管理）を確認する。

（参考）
1．形態管理（Configuration Management）：形態を指示し、管理するための調整された活動。
一般に、製品のライフサイクルを通して製品及び製品形態情報の管理を確立し、維持すること。（JIS Q 9100:2016による）
2．購買担当者の心得
表2-5-02「購買担当者の心得『購買慣習に関する原理と基準』（アメリカ購買管理者協会）」参照。

第2編　内部監査の工夫

図 2-5-01　システム監査の視点―外注管理

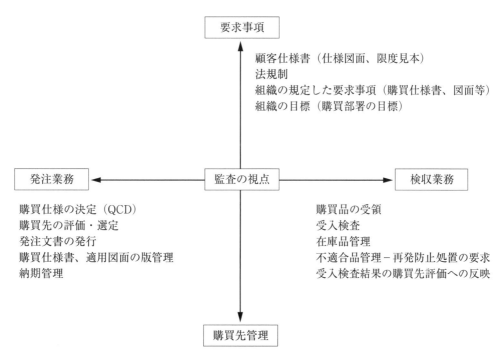

(注記)
監査の焦点をシステムに置き、必要な範囲で関連する製品（材料及び部品を含む）及び工程を監査する。

表 2-5-01　システム監査チェックリスト－外注管理

監査の対象：要求事項を規定した文書類及び購買業務の実施記録類

		日付		監査員名	

番号	項目（視点）	確認事項	確認（証拠）資料	確認結果
1	顧客要求事項	取引基本契約書 品質保証、品質管理要求仕様書 製品仕様書（図面等個別仕様書を含む）		
	法規制	関連する法・規則及び市町村条例 業界団体の協定及び覚書		
	自組織の要求事項	社則、情報（文書・記録）管理規程等規程類 組織の目標（部署の目標）		
2	発注業務	購買仕様の決定 購買先の評価・選定 発注文書の発行 購買仕様書、適用図面の版管理 納期管理、指導		
3	購買管理	購買先の再評価（評価基準の見直し） 購買先管理台帳の更新 協力会社の指導、工場監査、再発防止処置等 新規購買先の開拓 購買費用の削減（C/D）計画		
4	検収業務	購買品の受領 受入検査、検収、不適合品の処置 在庫品管理（先入、先出、有効期限管理、ABC管理） 受入検査結果の購買先評価への反映		
5	システムの評価	システムの要求事項への適合性及び信頼性 （システムの品質、効果、効率の安定性）		

（注記）
仕様書類は、適用すべき版を確認する。

表 2-5-02　購買担当者の心得

アメリカ購買管理者協会の「購買慣習に関する原理と基準」
(Principles and Standards of Purchasing Practice)

1. 購買担当者は、すべての取引きにおいて、先ず、第一に会社の利益を考える。そうして会社の経営方針を信頼し、これに従って業務を遂行する。
2. 購買担当者は、その接触するすべての関係者の意見をよく受け入れなければならない。このような意見は、購買部門の権威と責任をそこなわない限度において業務遂行上の指針とすべきである。
3. 購買担当者は、偏見をもって購買を行ってはならない。支出の一ドルに至るまで、最高の効果をあげることを目標として業務を遂行することを要する。
4. 購買担当者は、購買物品とその製法についての知識を系統的に得るようつねに努力するとともに、購買部門の業務を効率的に遂行するための実務手続きの確立をはからねばならない。
5. 購買担当者は、購買ならびに資材処分の業務を通じて、清廉かつ誠実でなければならない。いかなる形式、形態においても収賄は排除しなければならない。
6. 正当な取引き上の要件で来訪した者に対しては、購買担当者は事情のゆるすかぎり、迅速かつていねいに応待しなければならない。
7. 購買担当者は、自己の職責を尊重するとともに、業務処理の円滑化をそこなわないかぎりにおいて、自己の職責と会社に対する職責とを、他人にも尊重せしめることにつとめなければならない。
8. 購買担当者は、あまりぬけめのないやり方はさけなければならない。
9. 事情の許すかぎり、購買担当者はその同僚の仕事の相談にのり、かつ助力をおしまないようにすべきである。
10. 購買担当者は、購買業務の発展とその立場の強化を目的とする各種の団体および個人に対して、全面的に協力しなければならない。

『購買管理の知識』水戸誠一、日経文庫

Break Time

『平成サラリーマン川柳　傑作選　十貫目』
・ムリするな　いってるそばから　ムリいうな（新入社員）
・休暇とれ　5時には帰れ　仕事せよ（時短推進委員）
・ずる休みしたのに誰も困らない（薄影）
・一人だけ笑わぬ部下がいる不安（よみ人知らず）
・ミスのミス　ミセスのミスとなぜ違う（ミセスのつぶやき）
・お茶入れた　にくらしいから指入れた（よみ人知らず）
・大酒を飲んで小さい事を言い（よし女）
・親の希望（ゆめ）　つぎつぎ消して子は育つ（月峰）

（『平成サラリーマン川柳』第一生命、尾藤三柳、山藤章二選、講談社）

第6章　トレイル監査

　この章では、トレイル（跡を辿る）監査を解説する。

（参考）
トレイル（trail）：（名詞）通った跡、小道（動詞）跡を辿る。

6.1　トレイル監査の説明

　トレイル監査は、「製品監査」、「工程監査」及び「システム監査」で構成される。
トレイル監査では、サンプリング（選定）した製品の要求事項への適合性に視点をおき、トレーサビリティ（追跡可能性）を介して当該製品を構成する材料、部品から製品までの適合性を一貫して監査する「製品監査」を主軸とし、同じくトレーサビリティを介して当該製品の材料の購入から当該製品の完成までの工程に視点をおき、その信頼性を一貫して監査する「工程監査」、並びに、当該製品とその製造工程（主に製品実現工程）に関連するシステムの信頼性を監査する「システム監査」の3監査を同時並行で進める。
なお、製品の適合性及び工程の信頼性に直接的に関連しない、例えば組織の方針・目標（製品又は工程に係る目標を除く）管理、内部監査及びマネジメントレビュー等の経営管理システムはトレイル監査とは別に監査するのが一般的である。
経営管理システム等は、第1編第3章3.7項を参照する。

　当該製品とそれを構成する材料及び部品との相互関係をその材料及び部品のトレーサビリティを確認し、それら材料及び部品が当該製品を構成する材料（現品）及び部品（現品）であることを検証しながら監査を進める。
トレーサビリティにより、製品とその製品を構成する材料及び部品との構成関係を正確に識別し関連付けることができ、加工及び組立の履歴を明確にすることができる。

トレーサビリティを可能にするロット番号（又はバッチ番号）及び/又はシリアル番号は、一般的に購入品の受領時、加工部品の加工指示書の発行時、並びに製品の製造指示書の発行時に一連の番号を採番する。

重複するが、トレイル監査では、サンプリング（選定）した製品の「製品監査」を主軸にその製造工程の「工程監査」、並びに当該の製品及び製造工程に関連するシステムの「システム監査」を同時、並行して実施する。

図 2-6-01　トレイル監査

監査の対象　　監査の内容

製品（製品のトレーサビリティを介して関連する記録を収集する）
　　↑　　　　製品（現品）そのものの監査（製品監査）
　　│　　　　関連する製造（組立）工程の監査（工程監査）
　　│　　　　関連するシステムの監査（システム監査）

部品（部品のトレーサビリティを介して関連する記録を収集する）
　　↑　　　　部品（現品）そのものの監査（製品監査）
　　│　　　　関連する加工工程の監査（工程監査）
　　│　　　　関連するシステムの監査（システム監査）

購入品（購入品のトレーサビリティを介して関連する記録を収集する）
　　　　　　購入材料及び部品そのものの監査（製品監査）
　　　　　　（必要な場合、購買先での関連する加工工程の監査－工場監査）
　　　　　　関連するシステムの監査（システム監査）

（注記）
1）製品監査、工程監査及びシステム監査の詳細は、本編第2章参照のこと。
2）製品－部品－購入品、又は購入品－部品－製品の順に監査を進める。
3）トレーサビリティ（追跡可能性）の確保は通常、ロット番号（又はバッチ番号）及びセリアル番号を製品、部品又は購入品等対象に付与することにより可能である。

トレイル監査と3監査の関係

　トレイル監査は、製品の実現工程についてトレーサビリティを介して、材料、部品及び製品までの一貫した適合性を「**製品監査**」で監査し、材料の受入、部品加工及び当該製品の組立完成までの製造工程について一貫してその信頼性を「**工程監査**」で監査する、並びにこれらに関連するシステムの信頼性を「**システム監査**」で監査する。
「トレイル監査」ではこれらの監査を同時並行して実施する。
図 2-6-02「製品の加工の流れとトレイル監査での主要な確認事項」参照。

トレイル監査の利点（メリット）

（1）当該製品を構成する一連の材料及び部品とその製品の適合性を現品そのもので一貫して監査することができる。
（2）当該製品を構成する材料の受入、部品の加工及びその製品の組立工程の信頼性、並びに製品の実現工程に関連するシステムの信頼性を当該製品の製造工程に沿って連続してより実態に即した状態で監査できる。
（3）トレイル監査の導入により、事業活動とQMS活動の乖離が解消できる。

(参考)

トレーサビリティには物品のトレーサビリティと情報（文書・記録）のトレーサビリティが考えられる。

・物品のトレーサビリティ：材料、部品及び製品のロット番号（又は処理のバッチ番号）、及び/又はそれらのセリアル番号で製品の構成、加工の履歴及び他の同種物品との関係を識別することができる。
・情報のトレーサビリティ：文書及び記録の名称及び番号又は発行番号（改訂番号）、発行日付及び発行者/承認者等で文書の履歴、文書の引用及び他の同種文書との関係を識別することができる。

6.2 トレイル監査の手順

監査の目的により、製品監査、工程監査又はシステム監査の何れかの監査を省く、又はこれらの監査に軽重をつける等の工夫ができる。

1) 監査対象製品（完成品）の選定

監査の目的（課題の解決）を達成するのに適した製品を数点（3点程度）選定（サンプリング）する。

2) 製品（完成品）の監査

(1) 監査対象製品に関する資料を収集

選定した製品（現品）に関連する文書（要求事項）及び記録類（製造記録及び検査記録等）をトレーサビリティを介して収集する。

(2) 監査対象製品そのものの適合性を検証（製品監査）する。

本編第3章の製品監査を実施する。

(3) 監査対象製品に関連する組立工程の信頼性を検証（工程監査）する及び関連するシステムの信頼性を検証（システム監査）する。

製品の監査に関連し、組織の品質目標、製造部門の品質目標、生産管理、顧客要求、設計・開発、顧客満足度及び不適合・クレーム処置等のシステムも合せ監査する。

3) 監査対象製品を構成する加工部品の監査

(1) 加工部品に関する資料を収集

加工部品（現品）に関連する文書（要求事項）及び記録類（製造記録及び検査記録等）をトレーサビリティを介して収集する。

要点は、監査対象製品及び加工部品のトレーサビリティを確認することにより、製品

に使用された加工部品(現品)であることを確認後、監査を開始する。
(2) 加工部品そのものの適合性を検証(製品監査)する。
(3) 加工部品に関連する工程の信頼性を検証(工程監査)する及び関連する工程のシステムの信頼性を検証(システム監査)する。

加工部品の監査に関連し、生産管理、設備管理(保守・点検)、測定機器の管理(校正・点検)、作業環境(温・湿度、空間状態等)、手順書等文書管理(変更管理、適用版管理)及び教育・訓練・力量管理等のシステムも合せ監査する。

4) 監査対象製品を構成する購入品の監査

(1) 購入品に関する検査記録を収集

トレーサビリティを介して、購入品(現品)の記録類を収集する。

要点は、購入品と加工部品及び製品のトレーサビリティを確認することにより、加工部品及び製品に使用された購入品(材料現品及び部品現品)であることを確認後、監査を開始する。

また、協力会社の製造工程(例えば、熱処理、塗装及び表面処理等)に関する記録類を購入品の監査の対象とする。

(2) 購入品そのものの適合性を検証(製品監査)する。
(3) 購入品に関連するシステムの信頼性を検証(システム監査)する。

購入品の監査に関連し購買管理のシステム(購入先の評価選定、評価・再評価の方法、購入仕様、購入品の検証及び購入品の保管管理等)、購買品の識別管理(品名、品番、ロット番号等)及び在庫管理(劣化、損傷予防等保管状態)等のシステムを検証する。

なお、監査対象製品、加工部品、購入品及びこれらの製造・加工工程に関連するシステムの監査はこれらの何れかの製品監査に合わせ行えばよい。

5) 原因の究明及び再発防止と改善の計画

監査により検出された課題について、監査の場で、参加者全員で表2-1-02「内部監査の場での監査の手順」、表3-2-02「内部監査で検出する課題の定義」、表3-2-03「再発防止処置及び改善の手順」及び表3-2-04「発生原因と原因の究明手法」により、各々の原因の究明、並びに再発防止及び改善の計画を立てる。

また、再発防止及び改善が長期に亘る場合は、表2-7-01「実行計画表(品質目標管理表)」等を作成し、計画的に実行する。

(参考)
1．システムの監査について
システムの監査は、製品、加工部品又は購入品の何れの監査場面でも監査でき、また何れの監査の場面で監査しても良いが、ここでは次のように考えた。
- 製品監査時に行うシステム：目標管理、顧客管理、設計・開発、生産管理、顧客満足、不適合・クレーム処置等のシステム。
- 加工部品の監査及び工程監査時に行うシステム：生産管理、設備管理、測定機器の管理、作業環境、情報（文書及び記録）管理、力量（教育・訓練）管理及び不適合・クレーム処置等のシステム。
- 購入品の監査時に行うシステム：購買管理、在庫・出荷管理及び不適合・クレーム処置等のシステム。
- 経営管理の監査時に行うシステム：方針・目標管理、内部監査、マネジメントレビュー等のシステム。

なお、本編第2章の表2-2-02「内部監査とその対象」を参照する。

2．「トレイル監査」の用語について
「トレイル監査」は著者の造語である。
ISO/TC176の英国代表を務めたDavid John Seear氏の著書『ISO 9001 Audit trail: A Practical Guide to Process Auditing Following an Audit Trail』との関連はない。

ISO/TC176：ISO（国際標準化機構）の理事会の下部組織TC（専門委員会）の一つでQuality management and quality assurance（品質管理と品質保証）を担当する専門委員会。
この委員会の下にSC（分科委員会）があり、TC176では、夫々SC1：概念及び用語、SC2：品質システム、SC3：支援技術を担当する。また各SCの基に必要なWG（作業グループ部会）が設置されている。

図 2-6-02 製品の加工の流れとトレイル監査での主要な確認事項

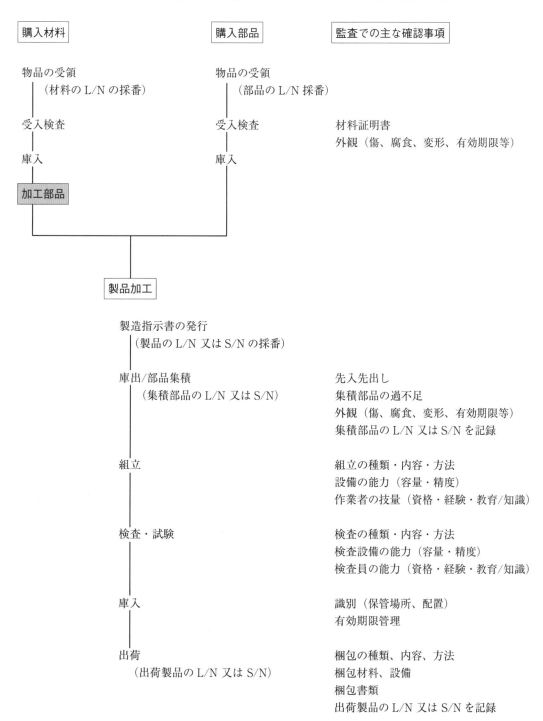

図 2-6-02　製品の加工の流れとトレイル監査での主要な確認事項（続き）

（注記）
監査は、材料、部品及び製品のトレーサビリティを介して監査対象品そのもの（現品）であることを確認しながら進める。
L/N（Lot no.）B/N（Batch no.）及び S/N（Serial no.）を採番する時期は、購買品：物品受領時、加工部品：加工指示書の発行時、製品：製造指示書の発行時である。
材料、部品及び製品（完成品）を相互に関連付け、また同じ種類の材料、部品又は製品を同種類から識別するのはロット番号（又はバッチ番号）又はセリアル番号である。
・ロット番号（L/N）：同じ方法で製造・検査・試験された同一種類の材料、部品又は製品の一塊ごとに付ける一連の固有の識別番号。　例：L/N 1、L/N 2、…、L/N 7 等
・バッチ番号（B/N）：同じ方法で処理、検査された同一種類の材料、部品又は製品の一塊ごとに付ける一連の固有の識別番号。　例：B/N 1、B/N 2 等
・セリアル番号（S/N）：一部品ごと及び一製品（完成品）ごとに付ける一連の固有の識別番号。
　例：S/N 1、S/N 2、…、S/N 7 等

Break Time

「退院上堂の偈」　　沢庵宗彭（禅師 37 歳）

慶長十四年（1609 年）2 月 5 日に勅旨を受け、3 月 8 日に大徳寺に入山。
大徳寺に留まること 3 日、3 月 10 日、次の「退院上堂の偈」を述べて、大徳寺を退く。
「退院上堂の偈」
　　　由来、我はこれ水雲の身
　　　叨（みだり）に名藍（めいらん）に住す紫陌（しはく）の春
　　　耐（かた）ふること叵し、明朝南海の上（ほとり）
　　　白鴎（はくおう）終に紅塵に走らず

　　　　　　　　　　　　　　　　　　　（『名僧列伝（一）』紀野一義、講談社学術文庫）

第7章　目標監査（目標の達成監査）

　この章では、組織の目標の達成活動（目標管理）に関する内部監査の方法を解説する。

　組織目的・目標の達成は組織の最重要課題であり、その達成過程及び達成度を内部監査の対象とするのは至極自然な考えである。
ここでは製品の品質向上、製造工程の信頼性及び組織運営システムの信頼性についての<mark>目標の達成過程及び達成</mark>に関する活動の監査方法を解説する。
組織の内部監査の対象に目標管理を組入れ、監査を通して組織の全社目標及び各部署の目標の設定、達成計画、進捗管理、追加の施策を含む計画の適時の見直し、その実施状況の適切性、妥当性及び達成実績等を検証し、目標の達成率の向上を図る。
一方、組織には組織の人事権と同様経営層及び上級管理層の専権事項がある、目標管理についても経営者及び上級管理者と内部監査（監査員）の役割範囲を事前に取り決めておくことが重要である。
中小組織によっては、全社目標から部署目標又は個人目標までの全ての目標の達成活動を内部監査の対象範囲とする組織もあるが、監査の対象範囲を組織の実状に合せ内部監査の計画前に決定しておく。

<mark>目標管理に関する内部監査の役割について</mark>
　適用規格には次の規定はあるが、目標管理と内部監査との関係についての直接的な、明確な規定はない。したがって、目標管理に関する内部監査の果たす役割については、組織の状況に基づき組織が決定し、実施すれば良い。

（参考）
適用規格：JIS Q 9001:2015 の規定
・6.2.1 項（品質目標の確立について）
　　「…関連する機能、階層及びプロセスにおいて、品質目標を確立しなければならない。」
・9.2.1 項（内部監査の目的について）
　a) 項「規格及び組織が規定した要求事項に適合している。」（条文の要旨）
　b) 項「QMS が有効に実施され、維持されている。」
　に関する情報を管理者層に報告する。

- 9.3.2 c) 2) 項（マネジメントレビューのインプットについて）
　　「品質目標が満たされている程度」

上記のように 9.3.2 項で初めて品質目標の達成に関する要求が規定された。

7.1 目標管理に関する役割分担

　この章では、一般的な企業の組織構造を、
　　　組織構造：経営層－事業本部－部/室－課－係－担当者
　　　上級管理者：事業本部長及び部/室の部長又は室長
と考え、目標管理に関する役割分担の範囲を次のように定め解説を進める。

(1) 経営者及び上級管理者の役割（責任と権限）

　　全社目標、事業本部及び部/室の目標の達成管理に直接関連するレベルの活動、即ち全社目標、事業本部及び部/室の目標の設定及びその達成計画の作成、並びに進捗管理及び計画の見直し等は経営者及び上級管理者が各々責任者として担当することとし、内部監査の対象とはしない。

(2) 内部監査（内部監査員）の役割（責任と権限）

　　内部監査では、課、係及び担当者個人レベルの目標の達成管理に関連する活動を対象とする。課、係及び個人の目標設定及びその達成計画の作成、並びに進捗管理及び計画の見直し等に関する事項は内部監査の対象とする。

　　なお、組織の状況により部/室レベルの活動、さらには経営者レベルの活動までを内部監査の対象とすることもある。

経営者及び上級管理者と内部監査の役割（責任と権限）は、組織が決定すれば良いことであるがここでは次のように、課のレベル以下の目標管理の活動について解説を進める。

7.2 目標（Goal）の設定

　目標の設定は、上位目標（ここでは部/室の目標）を受けた下位目標（課、係の目標）を設定し、上位目標をより具体化、詳細化した内容とする。

目標は、組織の目的達成への一里塚と考え、数値、又は規定の期間経過後その達成の可否が容易に判定できる内容にする。

またここでの目標は、基本的に課、係及び担当者の管理範囲（責任と権限）内の事項とし、地域社会及び外部組織の影響、並びに他部門の管理の影響を「余り」受けない範囲の事項とする。この場合の「余り」の意味は、管理範囲（責任と権限）外の事項であっても事前の情報の入手、またはそれなりの工夫によりその影響を軽減できる場合があるからである。

なお、経営者及び上級管理者の目標設定では当然、国際社会、経済市場、事業環境及び競合企業等外部組織の影響下にある事項を考慮しなければならない。

下位目標の例（部署には部/室を含む場合もあるがここでは部署とした）
購買部署の目標例
　　購買部の役割（責任と権限）を考慮し、
・購買費の前年比10%の削減
・購買品に係るクレームの前年比10%の削減 等
　　但し、購買費及びクレームの発生には購買量の増減の影響があるため、年度ごとの購買量による補正（購買量に対する比率等）が必要である。
製造部署の目標例
・クレーム件数5件以下/年（但しクレームの定義を明確にしておく）
・製品不良率0.2%以下/年（但し不良率の定義を明確にしておく）
営業部署の目標例
・新規顧客との契約件数10件/年、又は契約金額（新規顧客の定義及び1件あたりの契約金額等を明確にしておく）
・新製品の売上比率を全売上高の20%とする。（新製品の定義を明確にしておく）
・既存顧客の売上げ比率を前年比10%増加（既存顧客の定義を明確にしておく）
その他の目標：
・xx年xx月までにxx規程（例、新製品の開発手順又は教育・訓練の手順）を新規作成・発行する。
・為替変動等の経済指標及び日本銀行の四半期ごとに公表される短観（「全国企業短期経済観測調査」）等経済情報を営業部等関連先へ毎月定期的に提供する。（提供する情報の種類、内容、提供頻度、提供先等を明確にしておく）
目標設定において前年度の実績を参考にする場合、前年度との事業環境の変化、新規顧客及び新規開発品の占める割合、生産量の変化等を合せ考慮する。
また目標は、絶対量（例：件数等）と質（例：発生比率等）の両方を考慮する。

監査の視点
(1) 設定された目標が、組織の目的、方針及び全社目標、並びに事業部目標等上位目標を具体化した内容であるか？
(2) 目標は、当該部署の役割（責任と権限）に対して適切か？
(3) 目標は上位目標を達成するための一里塚となっているか？
　　一里塚：時間の経過（時間軸）に対する目標値が定められている。

(4) 目標値は、挑戦的、魅力的な、達成感の味わえるレベルにあるか？
　　挑戦的な努力をすれば達成可能な範囲にあるか？

(参考)
1．挑戦目標と維持目標
目標を挑戦目標（挑戦的な努力で達成）と維持目標（日常の業務の遂行で達成）の2種類に分けて考える場合がある。
挑戦目標を継続して達成し、その達成のための活動（手順）が日常習慣化し定着した後は、その挑戦目標は以後維持目標として管理する。
そして新たな次の挑戦目標を設定し、継続達成し、定着させ、維持目標に格上げ、これを繰り返す。挑戦目標は、相応の努力をすれば達成できる程度・範囲の事項（目標）とする。
一般的に目標は目標設定部署の管理（責任と権限）の範囲内の内容とする。

2．「ビジョン－方針－目的－目標－実行計画」の関係
・ビジョン：将来の望ましいあるべき姿。（状態）
・方針：羅針盤、進むべき方向及び活動の方向を指し示す内容であること。
・目的：ビジョンに至るまでのある程度の到達点、一次目的、二次目的及び三次目的等がある。（最終の目的はビジョンの実現である）
　目的については、目的＝社是及び/又はビジョン等種々の考え方がある。
・目標：目的に至る一里塚。（到達までの期間と到達点を示す、目標の継続的な達成が目的の実現である）
・実行計画：目標達成のために必要な5M1I及び6W2Hを計画（設定）すること。
　出典：『ISO 9001:2015 要求事項の解説とその有効活用』参考資料 参照。

3．PDCAサイクル
・PDCAは、一般的に目的・目標を効率的に達成するための方法で、Plan（実行計画）－Do（実施）－Check（進捗管理－監視/点検）－Act（評価・再計画）の活動を巡回させ、サイクルの巡回ごとにスパイラルアップさせる管理の方法である。
　著者は以前より、PDCAではなく、G（goal）－P（plan）－D（do）－C（check）－A（act）であるべきと提案・推奨している。PDCAの各活動の方向が意図した目的・目標に合致し、かつ常に目的・目標を意識した活動であることが重要と考えるからである。
　全ての活動・行動には目的・目標があり、常にその目的・目標を認識して行うことが目的・目標を効率よく達成するための要である。
　例えば、常に太陽（G）の引力を受けながら、水星（P）、地球（D）、火星（C）及び木

星（A）等の惑星が自転（PDCA）しながら太陽（G）の周りを力学的バランスを保ちながら公転（PDCA）している構図である。
（参考）GIC ジャパンのホームページに G-PDCA のポスターが掲載されている。
（読者のうち希望者には無料（送料のみ負担）で入手できる）
URL http://www.gicjapan.com

・CAPD：PDCA の巡回の順序を変え、後半の C から開始する考え方である。
即ち、事象の現状を点検・分析（C）し、その点検・分析結果の評価（A）を基に、新たな実行計画（P）を設定し、その計画を実施（D）する。この実施した結果を再び点検・分析し、その結果の評価を基に計画を見直し、より改善された新たな計画を立て実施するという管理のサイクルをスパイラルアップ（一巡回ごとに管理のレベルが上昇）させる。CAPD の巡回（管理）サイクルは、新商品の開発等プロジェクトを現状（市場）分析から開始する場合に有効な方法である。何れにせよ対象とする事象の特性により PDCA を変形させて利用する。

4．KPI を使用した目標達成
KPI、KGI 及び CFS を使った目標管理については「参考資料リスト」に記載の参考図書等を参照のこと。
KPI：Key Performance Indicator「要となる管理指標」（業績管理指標/業績評価指標）
KGI：Key Goal Indicator「要となる目標指標」
CFS：Critical Success Factor「成功を決定付ける要因」

7.3 実行計画（Plan）

　実行計画は、目標を達成するための施策・手段（道筋）を明らかにし、各施策は、誰（担当課、係及び責任者）が、何（施策）を、何時（暦日）までに、どのよう（方法）に等、必要な範囲で 5M1I 及び 6W2H を明確に、具体的に設定する。
これらの施策は目的達成の鍵であり、効果的、かつ実行可能であること。
なお、可能であれば、各施策は、その施策完了時の目標達成（目標値）への貢献度を推定し、各施策の貢献度の合計が目標値以上になるように必要な質・量の施策を設定する。
即ち、各施策を実行した場合の達成値を想定し、その合計が目標値に達するよう効果的な施策及び施策の件数を考慮して計画を作成する。
また計画した施策の進捗状態（目標対実績の比較）を可視化し、達成又は未達が早期に、容易に判別できること。目標の未達成が推定される場合は、速やかに新たな施策を追加する等、計画は活動の進展に応じて適時、見直し改訂する。
代表的な実行計画の様式を表 2-7-01 及び表 2-7-02 に示す。

監査の視点
(1) 目標を達成するための施策が具体化されているか？
　　6W2H及び5M1Iのうち主要な事項は設定されているか？
(2) 設定された施策の優先度（目標達成に対する貢献度、緊急度及び実施の容易度）は、明確か？
(3) 進捗管理（見直し時期、処置の要否の基準及びその決定者）の方法は、明確か？

7.4　実施及び進捗管理（Do及びCheck）

　各施策が計画通り実施されているか、目標値と実績値を定期的（施策の種類及び内容により確認時期は異なる）に比較し、差異を確認し、施策の完了時での達成度を推定し、計画の変更、追加の施策の必要性等を判断し、適時、適切な処置をとる。
　進捗管理の目的は、目標と実績との差異を早期に把握し、結果を想定し、速やかに必要な対策をとることにある。定期的な比較・評価の方法及び頻度は、市場製品又は注文生産品等製品の種類、目標の性質、施策の内容及び担当部門の活動の特性等により異なる。
　例えば、売上げ目標であれば、週単位の見直し、生産量の目標であれば、日、週、月単位の見直し、クレーム等であれば、月、3ヶ月、6ヶ月等が一般的である。
　なお、実績の把握方法、頻度及び評価方法は実行計画時に設定しておく。

監査の視点
(1) 目標管理のG-PDCAの活動は適切に計画通り実施されているか？
(2) 計画の終了時での目標の達成は可能と推定できるか？
(3) 目標の達成状況は、上司及び関係者へ適時報告されているか？

7.5　活動結果の評価及び再計画（Act）

　計画した期間の終了後、目標と実績を比較・評価し、目標（値）の設定、実行計画、各施策の実施、進捗管理及び目標の達成度等の適切性を総合的に評価し、目標達成のための方法及び活動の改善点を明確にする。
　目標の達成度の最終的な判定は、上位目標の達成への貢献度で評価する。
　これらの改善点を踏まえ、次の新たな目標及び実行計画を策定する。

監査の視点
(1) 目標の達成管理（達成率、活動の効率）は適切であったか？
(2) 今後のための改善点は？
(3) 他の業務活動への水平展開（横展開）の必要性は？　その内容は？

図 2-7-01　目標監査の手順

目標管理に対する役割分担
　　　経営者・上級管理者の責任範囲と役割
　　　内部監査員の監査範囲
↓
目標（G）の設定
　　　組織の重要課題の解決
↓
実行計画（P）の策定
　　　目標達成への道筋（一里塚）を立てる。
↓
実施（D）と進捗管理（C）
　　　計画どおりの実施と適時の見直しと必要な処置の実施
↓
評価と再計画（A）
　　　計画した期限での活動の評価
　　　次期の目標と計画への反映

（注記）
G（目標）−P（計画）・D（実行）・C（進捗計画）・A（改善計画）のサイクルを回すごとに目標−計画・実行・進捗計画・改善計画の夫々の質（品質）を向上（スパイラルアップ）させる。
G−P・D・C・Aのサイクルを回すことが組織の管理そのものである。

第 2 編　内部監査の工夫

表 2-7-01　実行計画表（品質目標管理表）

(計画時／見直し時／終了時)

	計画時	見直し時	終了時
承認			作成
審査			
日付	日付	日付	

手順
1) 品質目標は上位目標をより具体化、詳細化したテーマとする。
2) 決定したテーマについて、目標、施策、担当部門、期限及び進捗確認頻度等を設定する。
3) 目標の達成度が測定可能で、担当部門、具体的な手順で、必要な5M1H及び6W2Hの設定
4) 計画の進捗は、決定した頻度で確認し、必要に応じて、目標、追加の施策及び期限等の見直しを行い、管理表を更新する。
5) 目標、施策及び期限等重要な計画内容を変更した場合は、計画表を改訂し、再承認する。
6) 計画時、見直し時及び終了時の作成、審査及び承認を明確に識別（○印）する。

番号	取組みテーマ（目的）（目標）	施策（具体的な方法）	担当部門（担当）	施策期限	目標の進捗確認	実績（実績確認日）
1	クレームの削減 （目標：10件/年）	(1) 前期全クレームの原因分析（5M分析） (2) 再発防止策の他製品への水平展開 （作業手順書への反映） (3) 現地調査チェックリストの作成・試行・完成	佐藤	5月 6月 6月	四半期ごと	クレーム件数：
2	納期の確保・短縮 目標： 調整納期確保率：95% （リスク／機会への取組み）	(1) 前期の納期運延の原因分析 (2) 納期管理方法の改善 （調整納期－生産計画－工程管理－製品出荷） (3) 生産計画－工程管理の精度向上 (4) 段取り時間の短縮 （部品のピッキング、型替、試打、検査等）	遠藤	5月 6月 5月 6月	四半期ごと	調整納期確保率：　　％
3	工場の火災防止 目標：防火体制の確立 （リスク／機会への取組み）	(1) 工場内防火体制・対策の再調査・確認 （火元：消火器 スプリンクラー、消火栓、消防車等） (2) 工場内防火設備の再整備、設置図作成 （防火扉、消防隊侵入路、避難路、避難器具等） (3) 防火訓練の実施（2回／年、5月及び11月） (4) 防火管理者による巡視及び評価（6月及び11月）	鈴木	5月 5月 5月、11月 6月、11月	四半期ごと	施策の進捗：
4	新規顧客の開拓 目標：2社	組織の取組みを記述する	野田		四半期ごと	新規顧客件数：
5	新製品の開発 目標：2製品	組織の取組みを記述する	斉藤		四半期ごと	新製品の開発件数：

表 2-7-02 実行計画表（目標管理・進捗管理表）

計画書作成の要点
1) 目的・目標を明確にすること。
2) 施策・方法は、具体的に記述する。（必要な 5M1H 及び 6W2H が明確であること）　　計画：→
3) 予定（目標）と結果（実績）が容易に対比できること。（実績）を記録できる）　　実績：→
4) 進捗状況が可視化できること。（目で見る管理ができる）

				終了時		計画時	
			承認	審査	作成	承認	審査	作成
			社長	部長	担当	社長	部長	担当
			xx印	xx印	xx印	xx印	xx印	xx印
			日付	日付	日付	日付	日付	日付

番号	項目（目的）	目標（評価基準）	施策（方法）	担当部署（担当者）	期限	スケジュール（予定）							
						1	2	3	4	5	6	7	8
1	クレームの削減	5件以下/年	(1) 昨年度クレームの分析 (2) 防止策の水平展開 (3) 顧客との報告・連絡・相談の徹底 (4) 現地調査チェックリストの作成 （実績）	xx	1/E 2/E 常時実施 3/E	→	→						
2	納期の確保	納期遅延ゼロ	（実績）	xx	xx	1件 →			→				
3	コスト削減	75万円/年	（実績）	xx	xx				→				
4	売上	2億円	（実績）							→			
5	新規顧客の開拓	3件	（実績）								→		

特記事項

改訂方法
（計画内容を変更した場合の再承認、改訂記録の要否の考え方）
1) 項目（目的）・目標・期限又は重要な施策（方法）を変更した場合。
2) 担当部署・担当者を変更した場合。
3) 定期的な見直しをした場合、改訂不要
（実績を記入する場合は、改訂不要）

表 2-7-03 目標監査のチェックリスト―目標

監査の対象：システムを規定した文書類及びシステムを実施した記録類

番号	項目（視点）	確認事項	確認（証拠）資料	確認結果
1	役割の明確化	内部監査が担当する目標達成活動の範囲を明確にする ・対象とする目標のレベル：全社目標～個人目標 ・監査の範囲：設定された目標の達成活動全般 ・責任と権限：課題の指摘と目標達成の支援		
2	目標の適切性 （G）	組織のリスク・機会からの課題を反映した目標か その達成度の判定は可能か（一里塚となっているか） 目標を達成した場合の組織のメリットは明確か 目標は関係者で共有されているか 関連する用語の定義は明確か（目的、目標、不適合、クレーム、苦情、是正／予防等）		
3	実行計画の適切性 （P）	目標達成のための施策は具体的か （6W2H及び5M1Iのうち必要な事項は設定されているか） 各施策の目標達成への貢献度は明確か 各施策の実行は、活動期間、資源的に可能か、容易か 各施策の評価方法は明確か		
4	実施及び進捗管理 （D）	計画どおり実施されているか 目標値と実績値の定期的な比較と必要な処置 適時適切な計画の見直し （施策の具体性、担当者の力量、期間、評価方法等）		
5	評価及び再計画 （CA）	目標は達成されたか（達成率、達成項目、改善事項等） 次の目標達成のための再計画は適切か 目標管理の仕組みの改善の要否（実行計画様式、進捗管理の方法、評価基準等）		

（注記）
1) 目標監査の視点は：Q（品質）、C（コスト）、D（納期）、S（安全）、E（環境）及びI（情報）
2) 目標設定から実行計画の作成は、組織の状況（内外課題及び顧客の要求内容等）の把握→品質方針及び目標の設定→リスク及び機会への取組み→実行計画の作成の流れに沿った手順であること。

Break Time

人生の目的：魅力創造の旅路
魅力は他者に見せ、感じさせるものではなく、自分が感じるものである。
・形態の美
　体形：太り過ぎでなく、痩せ過ぎでなく均整のとれた体形。男性は筋肉質、女性は、
　　豊潤・柔軟性が感じられる肌の肉質
　動作：無駄のない自然な身のこなし（茶人様）
　健康的な体色：過度な日焼けは知性の欠如、過度な美白は不健康、不自然さを感じない
　体色、自分の肌の色（パーソナルカラー）の特徴（色系）を知り、着る服を肌色に合せる。
　目：緊張感のある目又は意志のある目（意志眼）を創る。
　顔：適度な緊張感のある生活態度が顔の形を創る。
　日常生活の緊張感が顔を筋肉質に、顔の造形（眼口鼻）を変える。
　「英語を話せば英語顔、日本語を話せば日本顔になる。」唯、美顔も時過ぎれば皆しゃれ
　こうべ。（曝首）
　口（歯並び）：外国人に比較し、日本人の非常に多くの人の歯並びが悪い。政治家やTV
　で見る多くの人にも歯並びの悪い人がいる。健康的にも、また見栄えも悪く、早期に矯
　正すべきである。美しく化粧し、美顔であっても著しく興醒めする。（知性、聡明、健康
　及び美顔の最も重要な条件である）
　最近稀に歯並びを矯正している子供を観るが、健康保険の対象にし、国民的な運動にし
　て日本人の歯並びを良くして欲しいものである。
　髪：長髪、短髪夫々に、清潔感、微かな光沢のある髪であること。
・強さの美
　体力：年齢相応の体力、上手に身を処する身体能力がある。
　知力：常に本を読み、それなりの人物の話を聞き、常に思索し、知識、見識、胆識を養う。
　精神力：持続して自己制御する能力を日常生活より獲得する。（マシュマロテスト）
　徳力：男女、老若、知力、形態、美醜等に関係なく、生物・動物的、人間的な魅力を養う。
　生物及び無生物を問わず、万物全てを愛する大きな心
・優しさの美
　心情：「ものの哀れ」及び「全てのものへの慈しみ」を感じられる心を持つ。
　「人は強くなければ生きていけない、優しくなければ生きていく資格はない。」
　(If wasn't hard, I wouldn't be alive. If I couldn't ever be gentle, I wouldn't deserve to be alive.)
　アメリカの劇作家レイモンド・チャンドラーが探偵フィリップ・マーロウに言わせた台詞。
　自然の法則：自然界で生じる現象は、人間的な作用を加えない限り、相反する方向へ二
　極分化する。但し、二極分化が極まれば、極は再び分散の方向へ向かう。
　「陰、極まれば陽転し、陽、極まれば陰転す。」（『易経』中国の思想、徳間書店）
　兵力・富：強者はその兵力を使い益々強くなり、富む者はその富を使い同様益々富む。
　強・富が極まれば、ローマの如く自ら崩壊する。

（著者の想い）

第8章　監視・改善活動の内部監査

　この章では、従来、多くの組織で内部監査の対象としていなかった安全衛生パトロール及び顧客による工場監査等の監視活動、並びに小集団活動及びKY運動等の改善・予防活動を監査の対象とすることを提案する。内部監査を通してこれらの監視及び改善活動の有効性（効果）を向上させる方法を解説する。
監視及び改善活動と3監査（製品、工程及びシステム監査）の関係を表2-8-01「監視及び改善活動と3監査の関係」に示した。

8.1　安全衛生パトロールの内部監査

　安全衛生パトロールの理念・目的及び詳細な実施方法は、これらの専門図書を参照されたい。
安全衛生パトロールは、職場の安全衛生の確保・維持・向上、災害・事故の発生防止及び予防、並びに環境保全の観点から実施される。安全衛生パトロールは、安全衛生を担う組織、パトロール員、パトロールチェックリスト、パトロールの頻度及び指摘事項の改善処置等安全衛生パトロールの仕組みを設定し、計画的に継続して実施する。

・安全衛生組織：安全衛生責任者、事務局員及びパトロール員で構成し、安全衛生責任者は事業組織の責任者（社長、事業部長又は工場長）とする。
・事務局員：適切な人的資質及び安全衛生の専門的知識・力量を備えた者とする。
・パトロール員：適切な人的資質、パトロールの対象職場の専門的知識を持ち、作業内容、設備及び作業環境に精通した者が担当する。また適時、外部の労働安全衛生の専門家をメンバーに加え、専門的な指導を受ける。
・パトロールチェックリスト：パトロールの対象職場の作業環境、作業方法、使用設備及び使用材料等を考慮し、安全衛生の確保・維持・向上及び災害・事故の発生防止及び予防の観点からその点検内容を検討し、チェックリストを作成し、パトロールの視点の標準化を図る。また点検内容を適時見直し、職場の作業環境、作業内容、使用設備及び作業方法等の変化に対応させ、陳腐化を避ける。
・パトロールの頻度：業務及び作業内容にもよるが、安全衛生意識の向上及び定着を図るため各職場、毎月、四半期ごと（4回/年）又は最低2回/年は必要である。

なお、安全衛生パトロールと並行し、安全衛生組織の事務局員が、自己の業務として、全職場を常時巡回、指導し、各職場の業務担当者の安全衛生意識の向上を図ることが重要である。

表 2-8-01　監視及び改善活動と 3 監査の関係

番号	活動の名称	活動の区分	内部監査		
			システム監査	工程監査	製品/サービス監査
1	社長診断	監視	○	△	△
2	安全衛生パトロール	〃	△	○	×
3	QC パトロール	〃	△	○	○
4	顧客による工場監査	〃	○	○	○
5	認証機関の審査	〃	○	△	×
6	顧客満足度調査	〃	×	×	○
7	コンプライアンス活動	〃	○	×	×
8	小集団活動（QC サークル活動）	改善	×	○	○
9	KY（危険予知）運動	〃	×	○	×
10	改善提案	〃	○	○	○
11	各種タスクフォース（プロジェクト活動）	〃	△	○	○
12	社会貢献活動	〃	○	×	×

（注記）
組織では、種々の監視活動及び改善活動が実施されている。
これらの活動の有効性（効果及び効率）を内部監査で検証し、さらに向上させる。
監視及び改善活動と 3 監査（製品、工程及びシステム監査）との関係、
○印：監査の対象とする。
△印：場合により対象とする。
×印：どちらかと言えば対象としない。

監査の視点

　内部監査では、安全衛生パトロール報告書（記録）の調査又はパトロールに参加し、次の点を確認し、改善点を提案する。
パトロールに参加する場合は、対象職場の安全衛生の確保・維持・向上、災害・事故防止及び予防の視点から作業環境、レイアウト、工程（作業方法、使用設備及び使用材料）、作業者の動作及び作業状態を観察し、改善点を見出し提案する。

(1) 安全衛生組織、パトロール員、パトロールチェックリスト及びパトロールの頻度等安全衛生パトロールの仕組みは適切か？　仕組みは、適切に維持されているか？
(2) 当該パトロールの具体的な目的（対象職場の特殊性を考慮した目的）が明確に設定され、参加者は、その目的を良く理解し、目的を意識し、実施しているか？
　　目的の設定：職場・作業環境の安全衛生の確保・維持・向上及び災害・事故の防止・予防、並びに新工場の稼動開始時、又は製造設備の改造及び新規導入時等は、その時々の特別な目的を設定し実施されているかを確認する。

(3) パトロールの目的に対してパトロール参加者の適性及び方法は適切か？
　　緊張感を持って実施されているか？
　　方法の適切性：パトロール員の資質（人柄、性質等）・力量（教育、経験、資格等）、チェックリストの内容、パトロールの方法（パトロール員の構成、実施時期、頻度及び所要時間等）及び報告書の適切性を確認する。
(4) 指摘事項についての再発防止処置と効果の確認、手順書への反映（標準化）、再発防止処置の日常習慣化の推進並びに指摘事項の件数/内容の傾向は把握されているか？
　　他の業務への水平展開の状況は？
　　パトロール結果（指摘事項）が有効に活用されているか？
　　パトロールの有効性：指摘事項と再発防止処置、効果の確認、パトロールの目的の達成度（安全衛生指標の向上及び災害・事故等の減少）及び今後の活動のための課題を確認する。

8.2 「顧客による工場監査」の内部監査

　顧客による工場監査は、通常、組織の当該工場に出向き、次の目的及び方法で実施されるのが一般的である。
・顧客監査の目的：取引開始のため QCDSE に関する組織の事前の能力調査、クレーム等重大不適合の発生に伴う調査（再発防止処置）及び定期品質評価のための調査等がある。
・方法：顧客の夫々の監査目的にあった方法で、通常チェックリストを用い実施される。定期品質評価の場合、QMS 規格の要求事項及び各顧客独自の要求事項を追加した内容のチェックリストを用い実施されることが多い。
・評価：顧客の規定の方法で評価され、結果は文書（工場監査報告書等）で報告される。不適合事項が検出された場合は、再発防止処置が要求される。推奨事項の場合は、通常当該事項の通知のみで再発防止処置等は要求されない。
　重大不適合等重要な指摘事項については、組織の再発防止処置完了後、再度、現地で再発防止処置の確認のための監査（フォローアップ）が実施される。
　監査で不適合事項が検出され、再発防止処置が要求された場合、先ず自組織の仕組みに基づき再発防止処置を実施し、自組織の再発防止処置報告書を作成する。その後、この報告書を基に顧客へ提出する報告書（多くの場合、顧客指定の報告書）を作成し、提出する。これは、自組織への再発防止処置の報告内容に対し、顧客への報告書では一般的に高度な経営判断が求められるからである。

監査の視点

　内部監査員は、顧客の監査を受ける自組織の被監査部署が、顧客の監査目的を良く理解し、積極的に協力し、効率的に監査を受け、その結果を効果的に活用しているか？等を顧客の監査報告書及び指摘に対する組織の再発防止処置報告書、又は顧客の監査に同席して確認し、改善点を提案する。

顧客の監査員の視点に立ち、製品、製造工程及びシステムに関連する組織の活動を客観的に観察し、評価する。また、可能ならば、顧客の監査チェックリストを入手し、顧客の監査の方法及び監査の視点等顧客監査から見習うべき点を積極的に取り入れ組織の内部監査に活用する。

(参考)

　可能であれば、顧客の監査チェックリストを入手し、顧客の監査前に、自組織の内部監査員による監査を実施し、顧客の監査時にその結果を報告する。顧客監査の効率向上及び監査目的の共有及び達成が期待でき、顧客によっては大いに評価・歓迎される方法である。

組織の監査員が、顧客と同じ監査チェックリストを使用し、事前に監査を実施し、必要な是正を終了し、完璧と思われる状態であっても顧客の監査員はさらに素晴らしい指摘をしてくれるだろう。

(これは関連する情報量の多少及び監査員の力量差によるものと考える)

米国ボーイング社、民間航空機部門では、工場監査及び製品検査にこの方法を採用していた。

顧客監査の目的は、目標とする品質の製品、効率的及び安定的な製造工程を顧客と共に構築し、継続的に共有することである。

8.3 「顧客満足度調査」の内部監査

　顧客満足度調査は、通常次の方法で実施される。
- 顧客満足度調査の目的：一般的な目的は、製品のQCD及び顧客への協力度等に関する顧客の評価情報、競合他社製品のQCD等関連品質情報、顧客からの受注情報、組織の事業経営及び製品開発に係る戦略的及び戦術的情報の入手、並びに顧客とのコミュニケーションの向上等である。
- 調査の方法：多くの場合アンケート、聞き取り（営業訪問時の面談等）、顧客の評価（顧客の品質月報/年次報告書等）、顧客の工場監査報告、多くの要因を含むが新規顧客の獲得、既存顧客との取引量の増減、売上の増減及び顧客からの表彰実績等を基に顧客満足度を評価する。

- 評価対象：QCD 及び一部 SE、協力度（顧客要望への貢献度）及びコミュニケーション能力（対応速度、正確性及び適切性）等がある。
- サンプル数：調査対象の全体を評価するに適切な代表サンプル（事例）及び妥当なサンプル数（事例数）であること。
- 調査頻度：1～2回/年、臨時、時期（定期、新商品の開発・発売開始時等）、及び顧客回答者（担当部門・職位・人柄・力量）並びに3回以上同じ方法・内容で実施しない等を配慮する。
- 調査結果の活用：結果を QCDSE 及び協力度等の視点で分析し、その視点分野での組織の強弱点を明らかにし、具体的な改善に繋げる。

監査の視点

内部監査員は、顧客満足度調査がその目的に対して効率的及び効果的に実施されているか、目的を達成しているか等その仕組み、実施状況、実施結果及び実施結果の活用とその効果等を調査報告書の記録の検証及び調査実施者への聴き取り等で確認し、改善点を提案する。監査の要点は、調査結果の製品の品質向上、顧客満足度の向上及び営業戦略等への具体的、かつ効果的な活用である。
また、満足度調査の費用対改善効果の観点から調査方法の適切性（効果・効率）を評価する。

(1) 調査対象の全体を評価するに適切なサンプル（事例）か？ 及び充分なサンプル（事例）数か？
(2) 調査は継続して実施され、結果は分析され、顧客評価の内容及びその傾向は継続して把握されているか？
(3) 調査結果は有効に活用され、実績として顧客満足度が向上しているか？

（参考）

顧客満足度調査とは目的が少し異なるが、インターネット上に企業の人材募集関係の種々の口コミ情報が流布している。給与、有給休暇、福利厚生、職場の雰囲気、遣り甲斐及び職場の自由度を含む募集関連情報に加え、元従業員また現従業員による組織に対する個人の評価・評判の情報が掲載されている。
これらネット上の情報を定期的に確認し、必要な場合、これらの情報への対応（組織の改善又はネット上からの削除要請等）が望まれる。

8.4 「KY（危険予知）運動」の内部監査

KY 運動の理念・目的及び詳しい実施方法等は、専門の参考図書を参照されたい。

内部監査員は、KY運動の目的、方法（仕組み）、実施状況及び実施結果を関連手順書及び実施記録類の検証、又は実際のKY運動での立会い等で確認する。

KY運動の対象作業を6W2H及び5M1Iの視点で分解し、作業の進行に伴う危険要素の存在、発生を予見し、6W2H及び5M1Iの組合せ、削除により危険予知・危険の低減、回避、及び安全衛生の向上等の観点から改善点を提案する。

中小事業におけるKY運動の様式の一例を表2-8-02及び表2-8-04に示す。

監査の視点

(1) 組織の当該作業の内容（方法、人、設備及び環境等）及び作業の特性を考慮し、工夫した方法でKY運動が実施されているか？
(2) 一連のKY運動により、危険が予知されたか、軽減されたか、回避されたか？
(3) 危険の余地、軽減及び回避等改善の結果は、手順書等へ反映され、標準化され、日常習慣化され、他の業務へ水平展開されているか？

8.5　小集団活動（QCサークル）の内部監査

小集団活動の理念・目的及び詳しい実施方法等は、専門の参考図書を参照されたい。
内部監査員は、当該組織の小集団活動の目的、方法（仕組み）、実施状況及び活動結果を関連の活動記録で検証、又は実際の小集団活動への参加及び活動発表会の立会い等で確認し、活動の費用対改善効果の視点から改善点を提案する。

監査の視点

(1) 小集団活動がその構成員の担当業務への動機づけ及び意欲（モチベーション）の向上に貢献しているか？
(2) 業務の改善効果（製品品質の向上、作業の効率向上、作業時間の短縮、安全衛生上の向上、ムダ・ムリ・ムラ及びヒューマンエラーの削減等）があるか？
(3) 改善の結果は、手順書等へ反映され、標準化され、日常習慣化され、他の業務へ水平展開されているか？

8.6　委員会（プロジェクト）活動の内部監査

一般の企業では、製造部署の製造職場（作業者）を対象としたQC活動又は小集団活動に対し、事務職場（職員）を対象とした各種の委員会、タスクフォース及びプロジェクトチームによる課題解決活動が実施されている。

これらの課題解決活動を内部監査の対象にし、その目的の達成、活動の効果・効率をより向上させることを目的に監査を実施する。

監査の視点
(1) 活動の目的：活動の目的・目標は明確で具体的か？　構成委員は、目的・目標を良く理解し、意識し活動しているか？
(2) 活動の方法：方法は目的・目標達成に対して適切か？　5M1I及び6W2Hのうち必要な事項は設定されているか？　進捗管理は定期的、適切か？
(3) 活動結果：目的・目標は達成されたか？　効率的に達成されたか？　改善の効果は？
(4) 活動結果の標準化：活動結果の他の業務への水平展開、手順書等への反映及び定着（日常習慣化）の方法は？

8.7　内部監査の一般的な活性化法

　従来から採用されている一般的な活性化の方法を表2-8-03「内部監査の活性化法」に示した。
内部監査の創造性及び新鮮さの喪失（マンネリズム化）防止の一方法として参考にされたい。

表 2-8-02 ［KY 運動］様式

1. 製品名：　　　　　　　　製品番号：
2. 製造職場：
3. 作業内容：

平成 31 年 4 月 4 日

安全担当者	
作業班長	
作業者	

4. リスク分析

どこで (作業職場)	どんな作業 (作業内容)	どんな危険 (危険の内容)	リスク評価			対策 (改善)	対策後のリスク評価		
			軽重	発生確率	危険度		軽重	発生確率	危険度
1									
2									
3									
4									
5									

5. リスク評価

リスクの軽重	発生の確率			
	確実に発生	高い確率	可能性有	稀に有り
致命傷災害 (4)	16	12	8	4
重傷災害 (3)	12	9	6	3
軽傷災害 (2)	8	6	4	2
過度の疲労 (1)	4	3	2	1

6. 対策の要否判定と対策

リスク評価点	対策の要否	対策の種類
1〜4	状況観察	危険注意喚起
5〜8	対策を推奨	危険軽減対策
9〜12	必須	危険回避対策
13〜16	必須	危険除去対策

7. 対策（改善）
(5M1Iの視点から検討)

表 2-8-03　内部監査の活性化法

1．監査方法の工夫による活性化

No.	工夫による活性化法
1	監査方法を工夫（製品監査、プロセス監査及びシステム監査を組合せて実施）
2	事業プロセスとの統合には、材料～製品のトレーサビリティを介するトレイル監査を実施
3	監査ごとに重点テーマを設定（クレームの削減、工期の短縮、品質目標の達成、規格適合性等）
4	業務担当者が自部門の監査を事前に実施し、その後、正規の監査員による監査を実施
5	グループ企業等、他社との相互監査（又は、他社のチェックリストを使用）
6	チェックリストの見直し（目的に的を絞ったチェックリストの使用） （クレーム削減用、目標達成用、規格適合性用、製品監査用、工程監査用チェックリスト等）
7	製造工程の流れに沿い各工程の監査（要求事項への適合性、改善の可能性）を実施
8	工程逆流監査（出荷・製品検査－製造－生産計画－購買－設計・開発－営業：契約事項）

2．監査員に係る工夫による活性化

No.	工夫による活性化法
1	監査員の力量（目的に対する有効な指摘の検出能力）アップにより的確な指摘 （監査員の教育・訓練：監査能力、規格の理解、経営的センス、感性の鋭敏化等）
2	監査員の増員－組織全員の監査員化を図る 外部組織の監査員（審査員）又はその分野の専門家の活用
3	異なる業界（専門性のない）の監査員による監査／同業界の監査員による監査等

3．改善技法の活用による活性化

No.	工夫による活性化法
1)	計画の達成法
1	ビジョン－方針－目的－目標（一里塚）の認識を明確にする
2	目標とその達成のための実行計画の具体性（6W2H 及び 5M1I の最適の組合せ）
3	G-PDCA（G:目的・目標、P:計画、D:実施、C:監視、A:見直し改善）
4	6W2H の明確化、可視化、最適化を目標に対して常に監視しておく
2)	業務の効率化法
1	P-1（G-PDCA on one form）：一枚の様式上で G-PDCA を回す
2	プロセスの明確化（インプット、アウトプット、制約条件、可使用資源）の視点
3	管理技術に対する固有技術：開発技術、生産技術、製造技術の視点
4	新技術／新製品／新サービス／新市場／新顧客／新工夫／新観点／新境地／新――の視点
5	物の保管管理：ABC 管理、先入れ・先出し、6S とストア化、識別と台帳管理、 1（物）対 1（記録）の原則（ペア対応の原則）
6	ムダ、ムリ、ムラの存在の確認と排除
3)	監視の方法
1	傾向（トレンド）管理：事象を流れ・変化（推移）で捉える
2	1S-2S-3S-4S-5S-6S（5S に節制を加える）の徹底：事象の変化（異常）を際立たせる手段である
3	目で見る管理（事象の可視化）
4	森に吹く風（環境）を感じ、森（全体像）を概観、足元の幹（根幹）に触れ、虫眼鏡で枝葉（詳細）を診る
4)	問題の解決法
1	QC 的問題解決法：テーマ選定、現状の把握、目標の設定、要因の解析、対策の立案と実施、 効果の確認、歯止（標準化）、残された問題と今後の計画
2	QC 七つ道具：特性要因図、パレート図、ヒストグラム、管理図、散布図、グラフ及びチェックリスト
3	新 QC 七つ道具：親和図、関連図、系統図、マトリックス図、マトリックス・データ解析、 アローダイヤグラム及び PDPC（Process Decision Program Chart：過程決定計画図）
4	故障解析、実験計画法、FMEA
5	WHY-WHY method（3～5 回のなぜなぜ運動）

表 2-8-04 KY運動（リスクアセスメント方式）例

工事名：水道管の埋設

			安全担当者 :
			作業班長 :
			作業者 :

年　月　日

番号	作業の内容		作業のリスク				危険度	発生の可能性	対策	対策後の評価
	どこで（場所）	どんな作業（作業内容）	どんな危険があるか？（予想される危険の内容）	誰が	いつ	どこで	設備	合計			

番号	どこで（場所）	どんな作業（作業内容）	どんな危険があるか？（予想される危険の内容）	誰が	いつ	どこで	設備	合計	危険度	発生の可能性	対策	対策後の評価
1	市街地	埋設物の調査	車の事故に巻き込まれる	1	3	2	1	7	2	9	監視員の増員	5
2		道路の掘削	埋設管、埋設物を破損する	1	1	2	2	6	1	7		
3		水道管の敷設	周辺構造物、身体を損傷する	2	3	2	2	9	1	10	監視員配置、作業注意	6
4		道路の修復	車の事故に巻き込まれる	1	1	2	1	5	2	7		
5		路面標識の描線	同上	2	2	2	1	7	2	9	監視員の増員	5

(注記)
発生の可能性が8点以上の場合、リスクの軽減対策を実施する。
可能性：確実に発生する（10-12）、発生の可能性が高い（8-9）、可能性がある（6-7）、ほぼ可能性はない（4-5）

1) 作業リスク
・誰が：熟練者（1）、経験者（2）、初心者（3）
・いつ：朝作業開始時（3）、9時〜11時（2）、11時〜12時・13時〜14時・16時〜18時（2）、14時〜16時（1）
・どこで：交通量の多い車道（3）、交通量の多くない車道（2）、歩道（1）
・使用機械：大型重機（3）、小型重機（2）、手作業（1）

2) 危険度
致命傷災害（4）、重症災害（3）、軽傷災害（2）、不休災害（1）

3) 対策
（5Mllの視点から検討）
当日の作業者の健康状態（睡眠不足、腰痛、頭痛、風邪及び肩こり等）も考慮する。

Break Time

ウォーレン・バフェットの名言（天才投資家、「オマハの賢人」、慈善事業家）
・台所に一匹のゴキブリがいれば、それは他にもたくさんいる証拠なのです。
・時代遅れになるような原則は原則じゃありません。
・ビジネスの世界で最も危険な言葉は、五つの単語で表現できます。
「他の誰もがやっている。」（Everybody else is doing it.）です。
・小さなことで規律を破ると、大きなことでも破るようになる。
・他人が貪欲になっている時は恐る恐る、周りが怖がっている時は貪欲に。
・つねに前例ではなく、道理を重視した。
・辛抱強さや冷静さは、知能指数より重要かもしれないと私は思っている。
・並外れたことをしなくても並外れた業績を達成することはできる。
・大事なのは、自分が好きなことをとびきり上手にやることです。
　お金はその副産物にすぎません。
・知性、エネルギー、そして誠実さ。最後が欠けていると、前の二つはまったく意味のないものになる。
　　　　　　（『ウォーレン・バフェット成功の名語録』桑原晃弥、PHPビジネス新書）

第3編　内部監査の創造

　第3編では、第2編で提案した内部監査の工夫を取り入れた「**内部監査の創造**」の手順を解説する。先ず第1章で監査前の準備、第2章で監査の場での課題の検出とその改善計画の作成、第3章では改善の実施、そして第4章では不適合現品の処置及び改善の水平展開を解説する。

　今回提案する「内部監査の創造」を特徴づけるのは、「**課題解決の場の創造**」及び「**種々の監査を組合せた監査の創造**」の2点である。
(1)「課題解決の場の創造」
　　内部監査の場を従来の「指摘の場」から「課題解決の場」へ変革する。
　　内部監査の場を従来の監査チーム（監査側）が被監査部署（被監査側）の不備を指摘する「指摘の場」の構図から、監査チーム及び被監査部署が共同で被監査部署の喫緊の課題を協力して解決する「課題解決の場」へと変換する。
(2)「種々の監査を組合せた監査の創造」
　　組織のその時々の喫緊の課題の解決を目的に、第2編で提案した「製品監査」、「工程監査」及び「システム監査」の3監査の導入、トレーサビリティを手掛りに購入材料、部品及び製品の適合性、材料購入から部品加工及び製品の完成までの製造工程の信頼性、並びに関連するシステムの信頼性を一気通貫で監査する「トレイル監査」、品質目標の達成に視点をおいた「目標監査」及び組織の監視・改善活動を監査する「監視・改善活動監査」等の監査を組合せて実施する。

　今回提案する「内部監査の創造」により、ISOの活動と組織の事業活動との統合、製品品質の向上及び監査の活性化等現在の内部監査が抱える課題を一気に解決し、内部監査本来の目的を確実に達成できるものと確信している。
　図3-1-01「内部監査の課題とその解決」参照。

ここで本論に入る前に再度内部監査の目的及び監査の手順を整理する。

1．内部監査の目的

適用規格の9.2項「内部監査」、9.2.1 a）項では、「品質マネジメントシステムに関して、組織自体が規定した要求事項」、及び「この規格の要求事項」並びにb）項「有効に実施され、維持されている。」について、d）項でその適合状況を監査し管理層に報告すること、即ちQMSの適合性及び運用の有効性に関する情報を管理者層に報告することが規定されている。

一方、今回提案する内部監査では、監査目的を自組織、顧客、適用規格及び法規制等の要求事項への適合性の評価を根拠に、並びにQMSの運用効果の評価を根拠に、製品の品質向上、製造工程及び関連するシステムの信頼性の向上のための改善点を検出し、提案し、解決することと定義する。

これは、内部監査の本来の目的は、監査で不適合等を指摘するだけではなく、監査活動を通して、製品、工程及びシステム等組織の事業運営の全般に亘る、かつ、将来に亘る諸々の課題を検出し、提案し、解決し、組織の事業活動を内部から支援することであると考えるからである。

この内容は、言うまでもなく、上述の「QMSに関する要求事項への適合性及びQMSの運用の有効性に関する情報を管理者層へ報告する。」という適用規格の9.2項の要求を満たすものである。

今回の提案では、内部監査の目的を次のように定義し、明確に認識し、解説を進める。

> 内部監査の目的
> QMSに関する自組織、顧客、適用規格及び法規制等の要求事項への適合性の評価を根拠に、並びに、QMSの運用効果の評価を根拠に、製品の品質向上、製造工程及び関連するシステムの信頼性の向上のための課題を検出し、提案し、解決することにより、組織の事業活動を内部から支援することである。

2．内部監査の工程

監査の標準的な手順（工程）を表3-1-01「監査の工程」、監査の場での手順を表2-1-02「内部監査の場での監査の手順」に示す。

3．内部監査で検出する課題（指摘事項）

監査で検出する課題を次の4種類とする。

・不適合：重大不適合及び軽微不適合
・提案：強点（長所）及び弱点

不適合及び提案夫々の定義は、表 3-2-02「内部監査で検出する課題の定義」を参照する。なお、不適合には「不適合なこと」、また、提案には「提案すること」を含む言葉と考え、敢えて不適合事項又は提案事項と表記しない。

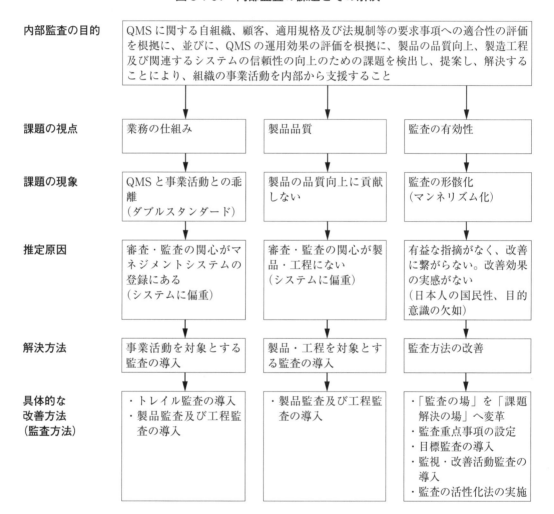

図 3-1-01　内部監査の課題とその解決

表 3-1-01　監査の工程

今回の提案では監査の工程を次のように定め解説する。

番号	工程		実施内容	目的
1	監査前	監査重点事項の設定	審査ごとに監査重点事項を設定する	目的志向性の向上
2		監査方法の選定	監査重点事項に最適な監査を組合せ、融合させる（監査の創造）	監査重点事項の解決
3		監査頻度と時期の設定	監査の頻度と時期を設定する（参加者の都合を考慮）	全員参加の監査
4		監査チームの編成	課題解決に最適な監査チームを編成する（多才、多様な人材の参加）	組織の力量の集結
5		監査スケジュールの作成	目的に最適なスケジュールを設定する（時間の配分、最適監査員の配置）	力量と協力の結集
6		監査準備	監査の参加者が事前準備をする	効率的な監査
7	監査時（監査の場）	開始会議	監査目的、監査重点事項、方法等を説明する	監査目的・方法の周知
8		監査の実施 (1) 課題の提案 (2) 確認と概要の把握 (3) 検証と課題の検出 (4) 原因の究明 (5) 課題解決の改善計画	創造的な監査を実施する 被監査部署及び監査チームから提案する 監査対象に関する要求事項の確認と概要の把握 監査対象（監査重点事項等）の検証と課題の検出 発生、放置及び流出原因の究明 再発防止及び改善の計画を立てる	課題の検出
9		(6) 監査結果のまとめ	不適合、改善点及び強弱点を纏める	監査報告書（案）作成
10		終了会議	監査結果を報告し理解を得る	監査結果の総括
11	監査後	再発防止/改善計画の実施	改善計画を実施し、効果を確認する	課題の解決
12		日常習慣化	改善結果を日常習慣化する	改善の定着
13		現品処置と水平展開	不適合現品を処置する	現品の処置

（注記）
監査の実施の手順（1）～（6）の詳細は、表 2-1-02「内部監査の場での監査の手順」を参照する。
監査の場で、参加者全員で課題の提案・検出から原因の究明、課題解決のための実行計画までを設定する。

表 3-1-02　監査の創造

番号	監査の目標	目標に対応する監査
1	製品の要求事項への適合性の検証	製品監査
2	工程そのものの要求事項への適合性と信頼性の検証	工程監査
3	システムそのものの要求事項への適合性と信頼性の検証	システム監査
4	QMS 活動と事業活動との乖離の検証	トレイル監査
5	目標の達成状況（達成率）の検証	目標監査
6	監査・改善活動の効果・効率の検証	監視・改善活動監査
7	監査の活性化程度の検証	監査の活性化法（注記3）

（注記）
1）監査の目的は、監査対象の要求事項への適合性及び信頼性、又は活動状態を検証し、その結果として、適合性及び信頼性の向上、又は、活動の効果・効率を向上させることである。
2）監査の目的を達成するため、「監査の場」が「課題解決の場」となるよう、参加者全員が、協力し課題解決に取り組む。
3）監査の活性化法は、表 2-8-03「内部監査の活性化法」を参照する。
4）信頼性の定義は、「本書の記述上の約束事及び使用する用語について」（2項 xiv 頁）を参照する。

第1章 監査計画と監査準備（監査前）

この章では、監査チームの構成及び監査前に作成する監査計画書等について解説する。
内部監査を行う組織の構成を内部監査責任者、内部監査事務局（ISO事務局又は品質保証部署等）、監査チーム（チームリーダー及びメンバー）及び被監査部署として解説を進める。図2-1-01「内部監査の実施組織」参照。

1.1 監査重点事項の設定

内部監査事務局は、監査の都度監査目的を考慮した「監査重点事項」を設定する。組織を取巻く事業環境（顧客の要求事項の変化を含む内外課題、リスクと機会等）及び組織の現状を認識し、組織のその時々の重要課題、品質目標、喫緊に解決を要する課題（重大クレームのフォローアップ等）及び以前の監査からの懸案事項等を考慮し、具体的な「監査重点事項」を監査ごとに設定する。
監査では、設定した「監査重点事項」に関連する活動の計画、活動の実施、活動の進捗管理及び活動結果の検証を通して、製品、工程及びシステムに関する課題を検出する。

具体的な「監査重点事項」として一例を示す。
(1) 製品関係の監査重点事項（製品監査で検証する）
　・新規開発品の品質確保（視点：製品の品質 − QCDSE）
　・製品クレーム及び社内製品不適合の解決（視点：不適合件数及び不良率とその解決過程の適切性）
(2) 製造工程関係の監査重点事項（工程監査で検証する）
　・新規導入技術の工程品質の確保、新設工程及び重要工程（特殊工程等）の品質確保（視点：工程の品質 − QCDSE及び効果・効率）
　・クレーム及び社内不適合の多発工程の課題解決（視点：不適合件数及び不良率とその解決過程の適切性）
(3) システム関係の監査重点事項（システム監査で検証する）
　・新製品の開発、新技術の導入及び新規顧客の開拓活動等のシステムの品質確保（視点：システムの品質 − QCDSE及び効果・効率）
　・煩雑かつ非効率的な仕組み及び機密保持に対する脆弱な情報管理システム等QMS（仕組み）の改善（視点：改善件数及び改善効果・効率と改善過程の適切性）
(4) 目標管理に関する監査重点事項（目標監査で検証する）
　・全社（組織）目標及び部署目標等の目標達成率の向上（視点：目標達成率及び達成過程の適切性）

- 目標達成活動の効率向上（視点：達成効果÷達成活動に投入した費用、ムダ・ムリ・ムラの排除）

(5) 組織の監視・改善活動等の委員会活動に関する監査重点事項（監視・改善活動監査で検証する）

- 組織の安全パトロール、顧客の工場監査、顧客満足度調査等の監視活動、プロジェクト活動及び小集団活動等の改善活動の品質（効果・効率）確保（視点：活動の品質－QCDSE 及び効果・効率）

1.2 監査の創造（監査方法の選定）

内部監査事務局は、トレイル監査を基本に監査重点事項の解決を目的として、表3-1-02「監査の創造」を参考に、各監査の特徴を考慮し監査の方法を決定する。

監査の遂行過程で確認される種々の課題に対処するため、これらの監査を柔軟に適用し、応用する。

トレイル監査の詳細は、第2編第6章を参照する。

トレイル監査は、例えば、クレーム及び不適合の多発する製品、新規受注品、新規開発品、量産品並びに少量多種品等その監査重点事項の監査に該当する製品を選び、製造工程順に製品のトレーサビリティを介して、受注から設計、購買、生産管理、製品製造、製品検査及び納品までの全過程について製品監査を軸に工程監査及びシステム監査を並行して監査する。

又は、製造工程の流れに対して逆に、納品から製品検査、製品製造、生産管理、購買、設計及び受注までの全過程を監査する方法がある。

夫々の監査の特徴を理解し適切に組合せると共に、組織が独自に工夫し、組織に合った監査を創造する。

1.3 監査頻度及び監査時期の設定

内部監査事務局は、監査目的を達成するために適切な監査の頻度及び実施時期を決定する。

頻度は、1～4回/年（四半期ごと）又は、年間を通じ五月雨式に1～2回（日）/月等、監査の目的及び組織の事業活動を考慮した頻度を決定する。

実施時期は、組織の事業年度（会計年度）及び年間行事等を考慮し、組織の年間行事の一部として行事に組入れておく。

また事業活動の繁忙期を避け、監査時間を十分確保でき、監査員及び被監査部署の協力を得やすい時期を充分な準備期間を確保した上で決定する必要がある。

1.4 監査チームの編成

内部監査事務局は、監査の都度監査目的の達成に相応しい力量を持つ者を監査員に選定する。内部監査員は、ISO の認証機関の審査員とは異なり、組織内で日常の業務を通じて被監査部署の業務情報を得、それなりの関連知識を得ているため、繰り返し同じ部署、同じ工程、同じシステムを監査するのではなく、寧ろ毎回新しい監査員による新しい視点からの監査が、被監査部署に対してはより効果的であると考えられる。

一方、従来どおり内部監査員を登録し、登録した監査員に監査を委ねる場合、内部監査責任者は、常に新人監査員の養成及び熟練監査員のレベルアップのための研修を行い、監査員の課題の検出能力及び課題解決能力等の力量の向上を図ることが重要である。

一般的に監査員の適正数は、人事異動及び退職等を考慮し、組織の全対象者数の20％～30％が適切と考えられている。

著者は、近年の若年労働者の頻繁な転職状況、社内の配置転換及び熟練者の退職等を考慮し、より多い40％～50％が適切であると考えている。理想としては、組織の全員が監査員となり、全員参加の監査の実現が望ましいと考えている。

1.4.1 監査員に求められる力量

人柄等の個人的資質、知識・見識・胆識、技量・技術等は、第2編第1章1.3項「監査員の資質と監査力量」を参照する。

監査員は、実際に多くの監査をし、その経験を積み重ね、監査の力量を身に付ける。

監査の進め方、課題の纏め方、監査報告書の作成等監査の方法は、4～5回の監査で十分習得できる。監査員の養成研修ではこれらの監査方法の習得に余り時間を掛けるべきではなく、本来の事業活動に直結する製品知識、組織固有の技術及び業務運営のシステムの教育・習得に費やすべきであると考える。

監査員の重要な力量は、監査を通じて業務遂行上の不自然性及び不合理性を感じ、製品、規定・手順及び工程、システムの不備を検出し、製品の適合性（品質）向上並びに、工程及びシステムの信頼性の向上に繋げる能力（課題の検出能力及び課題解決能力）である。

監査員に必要な力量を表 2-1-04「監査員に求められる個人的資質及び監査力量」に示す。

1.4.2 監査チームの構成

監査チームの構成については、第2編第1章1.2.1項(1)を参照する。

1.5 監査計画書及びスケジュールの作成と通知

内部監査事務局は、監査スケジュール（各被監査部署又は職務機能ごとの監査工数－時間の配分及び監査時刻と監査員の割当）を作成し、被監査部署及び監査員へ配布する。

1.5.1 監査計画書の作成
監査計画書には次の事項を記述する。
- 監査の目的・目標（監査重点事項）
- 監査方法（トレイル監査、製品監査、工程監査、システム監査、目標監査及び監視・改善活動監査等）
- 監査スケジュール（被監査部署又は職務機能、監査場所、時刻、時間配分及び監査チーム）
- 監査基準（社内規程及び手順書類、適用規格及び顧客との契約書・仕様書等並びに部署の目標）
- 監査支援書類（監査チェックリスト等）
- 監査で検出する課題（指摘事項）、評価及びその改善計画等処置方法

1.5.2 監査スケジュールの作成
　監査の機会は、限られた時期、時間及び監査員であり、監査工数（時間）の配分（移動時間を含む）は、監査計画の重要な構成要素である。
監査は、原則、監査員が被監査部署の執務職場（事務所又は現場）へ出向き、その場で監査する。執務職場には、業務遂行に必要な手順書等文書・記録、設備、工程中の部品・製品があり、作業者が実際に作業している状態を6S（節制、整理・整頓・清掃・清潔・躾）を含め検証できる。監査は、対象の各執務職場で是非実施すべきである。
また、交代勤務制が採用されている組織では、昼勤時に加え適時交代勤務（夜勤時）も監査の対象にする。
監査重点事項及び被監査部署の特徴を考慮し、組織（部署）別、機能（営業、設計、購買及び生産計画等）別、製品別、工程別、システム別等を考慮し、対象の監査工数（時間）及び監査時刻と監査員の割当を決定する。
一般的に監査は、監査による被監査部署の業務の一時停止及び担当者の拘束等への配慮から製品の製造工程順に、部署ごとに監査時刻を計画し実施される。
一方、例えば、購買機能の監査として、設計部署（製品の設計）、購買部署（購買先の評価・選定、購買文書の発行及び納期管理等）、品質保証部署（購買品の受入検査）及び倉庫部署（購買品の受領と保管等）を同時に監査する方法もあるが、多くの被監査部署の担当者を監査のために拘束する等被監査部署の負担が多く、一般的には余り採用されない。

1.5.3 被監査部署及び監査員への事前通知
　内部監査事務局は、被監査部署及び監査員へ監査計画書及びスケジュールを事前に連絡（配布）し、監査の準備に必要な時間の確保及び監査による日常業務の遂行に支障をきた

さぬよう諸般の手配を依頼する。

被監査部署には、製品の事前製造による生産量と納期の確保、監査時の応対者の確保、また監査員には、関係者との調整及び自己の業務の事前手配等配慮すべき事項が多々考えられる。

1.6 監査準備

　内部監査事務局は、被監査部署にその担当業務及び監査重点事項に係る活動の実績記録及びその関連資料の提出を指示し、監査員に配布し、配布資料の事前検討（資料の調査・分析）を指示しておく。

監査員は、これら配布資料により被監査部署の活動の実績把握と結果の傾向分析をし、課題（不適合及び提案）が想定される場合、その指摘案を準備して監査に臨む。

実績の傾向分析には、必要なら新旧 QC 七つ道具等の整理、分析ツールを用い検討する。

内部監査事務局は、一般的に監査員の力量による監査のバラツキを防ぎ、監査の標準化及び効率向上を目的に「監査チェックリスト」を準備する、また表3-1-03「監査の切り口」等監査の支援ツールを準備し監査員を支援する。

一方、監査員に多くの事前検討を要求するのは、監査員に過度の負担を強いるので監査員の日常業務量とのバランスへの配慮が必要である。

表3-1-03　監査の切り口

1．対象
　製品　　　材料、部品、完成品
　工程　　　購入品の受入～製造工程～出荷・納入までの各工程
　システム　・製品の実現に関するシステム（仕組み）：
　　　　　　　顧客関連、設計・開発、購買、生産計画、製造、監視・測定、不適合品の管理、納品
　　　　　　・経営・管理・支援のシステム（仕組み）：
　　　　　　　文書・記録、教育・訓練、設備・機器及び作業環境の管理
　　　　　　　目標・方針、マネジメントレビュー、内部監査

2．品質、コスト、納期、安全及び環境（QCDSE）

切り口	製品	工程	システム
品質 (Q)	不適合の発生件数・率・傾向 ・クレーム ・社内不良 ・苦情 ・顧客評価	工程内不適合の発生件数 発生率・傾向 ・工程別 ・材料別 ・製品別 購買品の不適合の発生件数 発生率・傾向 ・購買先別 ・購買品別	システム不適合の発生件数・発生率・傾向 システムの効果・効率 システムの改善件数 目標の達成件数・達成率 ・挑戦目標 ・維持目標
コスト (C)	C/D額・率・傾向 ・標準工数の低減数・率 ・歩留量・率 ・手もどり量	C/D額・率・傾向 ・工程 ・購買品 ・納期短縮 ・歩留率 ・使用材料の変更・削減 　（低コスト材料）	システムの改善・廃統合件数 ・率・傾向 （効率化・簡素化） コスト積算の仕組み
納期 (D)	調整納期確保率 （遅延率） ・製品ごと ・顧客ごと	計画確保率（遅延件数・率） ・工程 ・購買品 工程の削減・短縮件数・率	生産計画 製造の工程設計 生産－在庫－納入計画
安全 (S)	事故発生件数 ・労災件数 ・事故傷害件数 ・無事故日数	設備故障件数・故障率 工場内事故件数 ・労働災害（休業・不休） ・軽微事故	全事故件数 ・労働災害 ・交通事故 ・軽微事故 安全関係改善件数
環境 (E) (環境負荷)	製品屑の発生量・率 ・3R ・歩留率	材料/工程屑の発生量・率 ・使用材料の変更（環境配慮材料） ・3R	全使用エネルギーの削減量・率 ・電気、ガス、水道、石油 全屑量（量・金額） 全リサイクル量・率 全リユース量・率 全リデュース量・率

環境の3R：Reuse, Recycle, Reduce

Break Time

仕事人の基本
1．事象（事実・現象）を観る
- 事象は、鳥の目（全体像、大局を掴む）、獣（ケモノ）の目（目標を定める）、虫の目（詳細を観る）、魚の目（事象を流れで解釈する、傾向を掴む）で観る。
- 森に吹く風（社会の変化）を感じ、森（社会）を観、足元の木の幹（現場、現実）に触れ、その枝葉（現物の細部）を虫眼鏡で良く診る。
- 事象を6W2H（Who, Which 又は Whom, When, What, Why, Where, How, How much）及び5M1I（Man, Material, Machine, Method, Measurement 又は Money, Information）の視点から分解してみる。

2．仕事を見る
- 仕事：自分、相手及び周囲（社会）にとり価値ある（3方善し）物、又は事象を提案又は作ること。Win・Win の関係は、未熟なレベル。
既に世にある市場から獲得するのではなく、価値ある、新たな市場を創り拡大する。
- 目的・目標：将来のあるべき姿（ビジョン）－方針（羅針盤）－目的（長短期の到達点）－目標（一里塚）－実行計画（道標、道順）
- 経営・管理：G（目的）－P（計画）・D（実行）・C（進捗管理）・A（レベルアップ計画）のスパイラルアップ
- プロセス：インプット（素材）、アウトプット（成果）、コントロール（制約条件）、リソース（可使資源）の側面から観る。
常に使用エネルギー（インプット＋コントロール＋リソース）＜創出エネルギー（アウトプット）を考える。

3．生活を見る
- 6S：節制、整理、整頓、清掃、清潔、躾　最も重要なのは、節制（自制）、自己管理ができること。
- 全ては、毎日の生活態度（日常習慣化）に掛かっている。
「冬の空　凛と生きよと　富士の山」（ある女優の言）
（千里の道も足下より始まる。ゆっくり歩む者は、遠くまで行ける）
- 日本の幽霊　ただ今に生きる。
黒い髪を後ろに垂らし、両の手を前に差し出し、地に付いた足もなし。
過去に引きずられ、未だ来てもいない未来を心配し、やることは地に着いていない。
これを幽霊という。

（著者の想い）

第2章　監査の実施（監査の場）

　この章では、監査の場での開始会議、監査の実施、監査で検出された課題の改善計画及び終了会議について解説する。

2.1　監査開始会議（オープニングミーティング）

　内部監査責任者（又は内部監査事務局）は、「監査計画書」及び「監査スケジュール」に基づき、全監査員（チームリーダー及びメンバー）及び被監査部署の責任者/担当者へ監査の目的、監査重点事項、監査方法、監査指摘課題（不適合及び提案）及びその処置等、並びに安全衛生上及び監査による業務の支障への配慮等監査実行上の注意事項を説明し、参加者の理解を得ると共に監査への協力を要請する。

特に不適合に対する再発防止処置及び提案（弱点）に対する改善計画の作成は、参加者全員が協力し、組織の総力を結集したレベルの高い対策又は計画を作成する。

監査に参加する全ての監査員及び被監査部署の責任者/担当者は、監査の目的を常に意識し、監査が効率的かつ効果的に実施でき、監査目的が達成できるよう相互に協力する。

監査の開始にあたり最も重要なことは、参加者全員が「**常に目的意識を持ち相互に最大限の協力をする**」ことである。

開始会議での確認事項を表 3-2-01「監査開始会議及び終了会議での確認事項」に示した。

2.2　監査の実施（監査の場）

2.2.1　監査の場における基本姿勢

1）「課題解決の場」であることを認識

　監査は、監査員による不適合の「指摘の場」ではなく、参加者全員が被監査部署の課題を解決する「課題解決の場」であることを常に意識する。被監査部署の課題と考えられる事項は、被監査部署のみならず、監査員からも提案する。

参加者全員が、監査の目的は、

「QMSに関する自組織、顧客、適用規格及び法規制等の要求事項への適合性の評価を根拠に、並びに、QMSの運用効果の評価を根拠に、製品の品質向上、製造工程及び関連するシステムの信頼性の向上のための課題を検出し、提案し、解決することにより、組織の事業活動を内部から支援することである。」という共通認識を持つ。

要点：参加者全員が監査の目的を共有することである。

2）監査の基本手順

　監査員は、当該部署の業務について、組織全体の業務における当該部署の業務の役割

(位置づけ) 及びその影響を理解し、業務の目的 (G) − 目的達成の計画・業務の実施手順 (P)、実施 (D)、進捗管理 (C)、業務の実施手順の見直し (A) の観点から当該部署の業務の遂行状況を客観的証拠に基づき監査する。

客観的証拠には、当該部署との質疑応答、手順書等関連文書及び記録、業務遂行中の観察、成果物 (製品) 及び作業環境等がある。

監査の場での手順を表2-1-02「内部監査の場での監査の手順」に示す。

要点:監査は、目的 (G) − 計画 (P)、実施 (D)、進捗管理 (C) 及び見直し (A) の基本手順に基づき実施する。

3) 監査の視点

　監査員は、監査重点事項に視点を合わせ、的を絞り計画されたトレイル監査、製品監査、プロセス監査、システム監査、目標監査又は監視・改善活動監査等を意識しながら監査を行う。明確な目的意識を持ち、監査の視点、的を絞り、より目的志向性の高い監査を目指し実施する。

要点:監査の視点、的を絞り監査する。

4) 感性と緊張感

　監査は、諸々の要求事項への適合性及び業務遂行過程 (工程及びシステム) の信頼性 (対象の品質及び効果・効率の安定性) について、業務の遂行状態及びその結果を自然合理性 (自然の理に合致) の観点から細心の注意、豊かな感性及び適切な緊張感を持って検証を進める。

要点:要求事項への適合性及び業務遂行過程 (工程とシステム) の信頼性を自然合理性の観点から豊かな感性と適度な緊張感を持って監査する。

2.2.2　課題の検出

　各監査チームは、担当の被監査部署の職場へ赴き、「監査計画書」、「監査スケジュール」及び内部監査事務局が決定した監査方法 (トレイル監査、製品監査、工程監査、システム監査、目標監査及び監査・改善活動監査) に基づき監査を実施する。

各々の監査の詳細は、第2編を参照する。また表3-1-03「監査の切り口」を参照する。

1) 監査重点事項の監査

　監査員は、当該部署の責任者又は担当者に、監査重点事項についての見解 (なぜ重点事項なのか、何が解決すべき課題か?等) を聞き、重点事項についての認識を確認し、共有し被監査部署の業務の目的 (機能) 及びその遂行状態の説明を受ける。

また、重点事項に係る製品、工程、及びシステム、並びに製品の使用先、前後の工程及び前後のシステム等について、被監査部署から関連する資料(手順書等規程類、活動実績及びその結果等の記録)の提示及び説明を受け、必要な場合、現場での作業を観察、作業関係者の説明、及び実績記録等から事象を確認する。

監査員は、計画された監査の方法に基づき監査を進めるが、監査の状況により、計画された方法に固執することなく、事象の事実確認に最も適した方法を柔軟に適用し、被監査部署と共にこれらの事象をG-PDCAの手順で再確認し、業務遂行における効果・効率性及び自然合理性(不自然性・不合理性)を根拠に改善の必要性を判断する。

2) 被監査部署及び監査員からの提案課題の監査

被監査部署の業務に関して、被監査部署が日頃から解決を望む課題、同じく監査員が日頃から不自然性、不合理性を感じている課題について相互に提案する。

監査員は、自ら提案した課題も含め、被監査部署から提案された課題について、その部署の業務の目的(機能)、業務内容、実績、その関連資料及び課題の特徴等の説明を受け、被監査部署と共に業務の遂行過程を追跡、考察し、これらの事象をG-PDCAの手順で再確認し、業務遂行における効果・効率性、不自然性及び不合理性を根拠に改善の必要性を判断する。

被監査部署から提案される課題は長期に亘り解決が困難、不可能であった課題が多く、短期間及び監査の場で容易には解決できない場合が多々ある。

監査の場では、課題解決の方向性及び気付き等解決に至る支援(手掛り)情報が提示できれば「善し」とする。

2.2.3 課題解決のための改善計画の作成

各監査チームリーダーは、監査員及び被監査部署と共に監査で検出された課題を次の4種類に分類し、夫々に対して必要な改善を行う。
・不適合:重大不適合及び軽微不適合-再発防止処置をする。
・提案:強点(長所)及び弱点-水平展開又は改善をする。

不適合及び提案の定義は、表3-2-02「内部監査で検出する課題の定義」を参照する。

検出した課題の評価について、参加者の見解が一致しない場合は監査チームリーダーが決定する。

不適合(重大及び軽微不適合)については必ず再発防止処置を実施し、提案の弱点については、改善の必要な根拠を明確にし、改善を実施する。

再発防止処置及び改善の手順は、表3-2-03「再発防止処置及び改善の手順」を参照する。

要点:監査の場で不適合の再発防止処置及び提案(弱点)の改善計画を作成すること。

2.2.3.1 不適合に対する再発防止処置の計画作成
1）不適合事象（事実と現象）の再確認

　不適合の事象を細心の注意及び適度の緊張感を持って再確認する。必要であれば、現場、現物で確認し、不適合事象の対象範囲（事象、品名、数量、対象ロット及び製造期間等）を明確に決定する。

2）発生原因、放置原因及び流出原因の究明

　不適合（重大及び軽微不適合）については必ず再発防止処置を実施する。
不適合の発生、放置及び流出に対して発生原因、放置原因及び流出原因を究明する。
不適合の再発を防止するには、真の原因の把握が重要であるが、真の原因の把握が困難な場合がある。例えば、発生の原因が複数に亘る場合もあり、複数の真の原因を把握するのは極めて困難で、現実的には再発の完全な防止は不可能に近いかも知れない。
真の原因に代わり、真の原因により近い原因の把握により再発の可能性を減少させることができる。表3-2-04「発生原因と原因の究明手法」参照。
原因の究明の程度は、後述するが、原因の究明及び再発防止処置に係る費用とその処置効果とのバランス（費用対効果）に基づき決定する。

3）再発防止処置の計画

　原因の究明及び再発防止処置の範囲・程度は、その不適合が組織に及ぼす影響の重大性、並びに、不適合の再発の可能性及びその頻度を考慮し、原因の究明及び再発防止処置に掛かる費用（対象範囲、工数、処置期間及び費用等）とその処置効果（顧客の信頼等定性的な効果を含む）とのバランス（費用対効果）に基づき決定されるのが一般的であり、自然である。換言すれば、不適合による組織に及ぼす影響の大きさ（デメリット）に見合う程度（対象範囲、工数、処置期間及び費用等）の処置とする。
再発防止処置は、発生原因、放置原因及び流出原因を取り除く処置であり、再発防止処置の効果は真の原因、又は真の原因により近い原因の把握に掛かっている。
再発防止処置は、監査チームと被監査部署が協力し、全員の持てる能力を発揮し、効果的及び効率的な施策を必要な程度に、具体的に計画する。
再発防止処置の計画の作成には、詳しい製品知識及び固有技術、生産技術、多彩な経験に基づくヒューマンエラー防止及び危険予知等の力量、並びに種々の仕組み（システム）の知識及び管理技術等の知識が求められる。
また課題が大きく、その解決が長期に亘る場合には表2-7-02「実行計画表（目標管理・進捗管理表）」等を作成し確実な再発防止処置を実施する。
計画は、誰（実施責任者）が、何（施策）を、何時（期限）までに等、必要な事項につい

て具体的（5M1I及び6W2H）に設定し、各施策の定期的な進捗の確認及び効果の確認を行い、必要な場合は、計画の進展に応じて、施策の追加等計画を見直しする。

再発防止処置は、被監査部署が監査チームの協力を得て実施し、その進捗状況を内部監査責任者へ適時報告する。

2.2.3.2 提案（弱点）の改善計画

1）提案（弱点）事象の再確認

提案（弱点）の事象を含む当該の業務（活動）、その前後の業務（活動）及びそれらを含むより広い業務における全体最適の観点から提案の意義、効果を検証し、提案の必要性を再確認する。

また、提案事象は、同事象の再発の可能性の有無、その頻度及び同事象を放置した場合の組織の将来に及ぼす影響の大きさ（デメリット）、並びに改善に要する費用の合計と改善した場合の効果の大きさ（メリット）の観点から同事象を検証する。

2）提案の改善根拠の明確化

提案の実施に先立ち、提案の実施（改善）が望まれる根拠を明確にする。

改善が望まれる根拠は、

・製品に関する要求事項を初め、全ての要求事項への適合性の向上
・仕組み又は工程の信頼性の向上
・行動・行為の不自然性及びヒューマンエラーの可能性の減少又は解消
・事故防止等安全衛生上の改善

等の効果及び効率上の期待、又は目標値との差異の減少及び解消等の期待から改善の根拠を明確にする。

また、将来における不適合発生の可能性の有無、その頻度及び発生した場合の組織に及ぼす影響の大きさ（重大性）等から改善根拠を明確にする。

3）提案の改善計画

被監査部署と監査チームは協力し提案の改善計画を作成する。

改善計画には具体的な施策、担当者、期限及び評価基準等必要な範囲の5M1I及び6W2Hを設定する。

・弱点：改善計画を作成、実行し確実に改善する。
・強点：提案の有効性が期待できる他の部署、他の製品、工程及びシステムへ水平展開する。

改善の範囲及び程度は、不適合等不都合な事象の発生の可能性及びその頻度、並びに改善を放置した場合の組織への影響の大きさ（デメリット）に対する改善に要する費用と社内外の

信頼性の向上を含むその改善効果（メリット）とのバランス（費用対効果）に基づき決定する。水平展開は、同様の現象が生じる可能性のある製品、工程（プロセス）及びシステム、並びに組織の部署に適用する。（水平展開の詳細は、本編第4章4.2項参照）
提案の実施は、被監査部署が監査チームの協力を得て実施し、その処置状況を内部監査責任者へ適時報告する。提案の実施（改善）の詳細は本編第3章で解説する。

2.3 監査結果の纏め（纏め会議の開催）

　内部監査事務局は、監査チームリーダー達と共に監査報告書（案）を作成する。
監査報告書（案）は、監査目的に対する達成度の視点で要領よく整理し、簡潔に纏める。

監査報告書（案）の記載事項

・監査目的の達成状況
・不適合の指摘件数と再発防止処置の計画件数及び前回の監査からの件数増減の傾向、並びに指摘の有効性の観点からその内容の特徴及びその傾向
・提案の指摘件数と改善の計画件数及び前回の監査からの件数増減の傾向、並びに提案の有効性の観点からの内容の特徴及びその傾向
・部署又は工程ごとの強点及び弱点
・次回の監査への反映事項及び今後の課題

等を明確に記述し監査を総括する。
なお、監査報告書等文書類は、文書の5文型を基本に作成し、文章を少なく、図表を多用し、文書作成工数を削減すると共に関係者が、報告書の全体像の把握及び内容が容易に理解できるよう工夫する。詳細は、第1編第3章「参考　文書、文章及び文の作成」を参照する。

2.4 終了会議（クロージングミーティング）

　内部監査責任者又は監査事務局は、監査結果の纏め終了後、終了会議において、監査協力に対する感謝、監査実施の状況、監査結果及び指摘課題を報告し、質疑応答により監査結果に対する参加者の理解を得る。
特に不適合及び提案については、被監査部署の責任者の了承を得る。
不適合については、再発防止処置の計画、処置の処置期限、効果の確認の予定等を確認し、了解を得て決定する。
後日、監査報告書を完成し、品質保証部長又は管理責任者経由し経営者へ提出する。
指摘課題（不適合及び提案）の処置は、被監査部署が監査チームの協力を得て実施し、その状況を内部監査責任者へ適時報告する。
終了会議での確認事項は、表3-2-01「監査開始会議及び終了会議での確認事項」を参照する。
再発防止処置及び改善の実施及び標準化等については、本編第3章で解説する。

表 3-2-01　監査開始会議及び終了会議での確認事項

1．開始会議（オープニングミーティング）

番号	連絡・確認事項
1	監査目的、監査重点事項
2	監査方法
3	監査員・監査チームの配置
4	監査スケジュール（時刻・時間配分）、終了会議の予定時刻
5	監査結果、指摘課題とその処置（再発防止及び改善）
6	注意事項（時間・時刻の厳守）、安全衛生上の配慮等

2．終了会議（クロージングミーティング）

番号	報告・確認事項
1	監査協力へのお礼、監査状況の概要
2	監査結果の詳細、部署ごとの監査結果、指摘課題とその処置（再発防止及び改善）
3	処置の効果の確認及び処置の標準化（歯止）等
4	監査報告書の発行時期

表 3-2-02　内部監査で検出する課題の定義

課題		定義
不適合	重大	規定の要求事項を満たさず、かつ組織の QMS の信頼性に及ぼす影響が重大な内容（再発防止処置が必要） （事例） ・法令の改正監視及びその改正法令の適否検討の仕組みがない ・情報（文書・記録）管理の仕組みはあるが、多部署で仕組みが順守されておらず、旧版の使用及び情報漏洩のリスクがある
	軽微	規定の要求事項を満たさず、かつ組織の QMS の信頼性に及ぼす影響が軽微な内容（再発防止処置が必要） （事例） ・法令順守の仕組みはあるが、一時規定（CO_2 排出量）を満たさない時期（3ヶ月間）があった ・情報（文書・記録）管理の仕組みはあるが、一部署で仕組みが順守されておらず、旧図面の使用例があった
提案	強点	規定の要求事項を満たし、又は規定はないが、組織の QMS の信頼性が高く、かつ他にも活用できる内容（水平展開が望ましい） （事例） ・法令改正の監視及びその法令の適否検討の仕組みがあり、直近の3ヶ年を含め不適合の事例はなく、この仕組みは JIS 規格及びローズ規制等海外の法規制の改正管理にも適用し活用できる ・協力会社の測定機器の定期校正等は、各々の協力会社で管理していたが、組織が一括して管理することにより、測定機器の管理の品質（有効期限及び定期校正の確保等）及びそのためのコストが削減された ・また、この仕組みは各協力会社で購入、保管する材料類の管理に応用され、材料手配（購入時期、数量、コスト）、保管及び倉出に効果をあげた
	弱点	規定の要求事項を満たすが、又は規定がなく、組織の QMS の信頼性が低く、改善が必要な内容 （事例） ・これまでに不適合の事例はないが、使用済廃棄書類のうち焼却すべき書類とその他の書類の区別が明確（具体的）でなく、焼却用書類がその他の書類に混じり、今後機密漏洩のリスクがある ・事務所での癒しを目的に室内犬を職場に放し、多くの者に好評であったが一部にアレルギー反応を示す者が確認された。事前の検討不足により、一部の者にとり作業環境が悪化した

表 3-2-03 再発防止処置及び改善の手順

監査での指摘課題を不適合（重大及び軽微）及び提案（強点及び弱点）とし不適合に対しては再発防止処置を、提案に対しては、改善をする。

手順番号	処置の場	再発防止処置の手順	改善の手順
1	監査の場	不適合事象の検出	改善事象の検出
2		原因の究明	改善が望まれる根拠
3		再発防止処置の計画	改善の計画
4	監査後	再発防止処置の実施	改善計画の実施
5		対策の効果の確認	改善の効果の確認
6		手順書化（歯止）	同左
7		日常習慣化	同左
8		対象現品の処置	同左
9		水平展開	同左

（注記）
1）手順の1～3は監査の場で行う。
　　内部監査の要点は、手順2（原因の究明又は改善の根拠の確認）及び手順3（再発防止処置又は改善の計画）を監査チーム及び被監査部署が合同で行うことである。
2）手順の4～7は監査後、被監査部署が監査チームの協力を得て実施する。
3）不適合又は提案に関連し、不適合品又は改善すべき物品がある場合は、対象品の処置が必要である。（手順8）

Break Time

「見果てぬ夢」

夢は稔り難く　敵は数多（あまた）なりとも
胸に悲しみを秘めて　我は勇みて行かん
道は極め難く　腕は疲れ果つとも
遠き星をめざして　我は歩み続けん
これこそが我が宿命　汚れ果てし　この世から
正しきを救うために
如何に望み薄く　遥かなりとも
やがていつの日か光満ちて　永遠の眠りに就く　その時まで
たとえ傷つくとも　力ふり絞りて
我は歩み続けん　あの星の許へ　　　　　（ミュージカル「ラ・マンチャの男」より）

表 3-2-04 発生原因と原因の究明手法

1. 発生原因

広義の発生原因には、狭義の発生、放置及び流出原因があり、夫々次のように考える。

番号	原因名	原因の内容
1	発生原因	不適合な現象が生じ、確認される状態にまでなった原因 （事例） ・プレス部品に付いた傷の原因：プレス金型にキズが付いていた
2	放置原因	不適合と認識されていたが、何の処置も取らずそのまま放置されていた原因 （事例） 不適合品の処置で修正等の処置が決定されていたが、何の処置もされずに放置され続けていた原因：不適合の処置の責任部署が複数あり、部署間の調整が必要であったが調整されることなく放置され、必要な処置がされていなかった。放置により、品質の低下をきたし当該品が使用不可能になった 放置は当該工程の次工程、内部監査、製品の棚卸、又は顧客による工場監査等で検出、確認されることがある
3	流出原因	不適合であることを検出、認識できず、次の工程へ進めた原因、又は、社外へ出荷・納入してしまった原因 （事例） 規定の漏洩試験をしたにもかかわらず、漏れを検出できずそのまま圧力容器（製品）を顧客へ納入してしまった原因：圧力の規定保持時間が短く、漏洩が生じる前に検査が終了し、漏洩を確認できなかった

2. 原因の究明手法

番号	手法名	手法
1	なぜなぜ運動	事象について、なぜなぜの質問を繰り返し、真の原因により近い原因を把握する（最低 3 回～5 回のなぜなぜ問答を繰り返す）
2	5M1I 及び 6W2H の分析	事象を 5M1I 及び 6W2H の視点で分析し、これらの組合せの不自然性及び不合理性を検出する 5M1I: Man, Material, Machine, Method, Measurement, Information 6W2H: Who, Whom, When, What, Why, Where, How, How much 事象を 5M1I 及び 6W2H の組合せの視点で分析すれば、複雑な工程又は作業の全体像が体系的に理解でき、課題点が明らかになる
3	特性要因分析	特性要因図（Fish Bone Diagram）を用い、原因を要因別、系統的に分析する
4	プロセス（工程）分析	プロセスをその構成要素に分解し、各々の要素及び要素の繋がりを理解すれば不合理性の検出は容易である プロセスの構成要素：プロセスの目的（機能）、インプット、アウトプット、制約条件（コントロール）及び可使資源（リソース）
5	特性・傾向分析	事象の特性・傾向の把握には、QC 七つ道具又は新 QC 七つ道具等を活用する QC 七つ道具：パレート図、ヒストグラフ、管理図、散布図、特性要因図、グラフ及びチェックリスト 新 QC 七つ道具：親和図、関連図、系統図、マトリックス図、マトリックス・データ解析、アローダイヤグラム及び PDPC

第3章　再発防止処置、改善及び日常習慣化（監査後）

この章では、指摘課題（不適合及び提案）に対する解決方法（再発防止処置及び改善）を解説する。

表3-3-01「指摘課題とその処置」参照。

3.1　再発防止処置
3.1.1　再発防止処置の実施

不適合事象の責任部門は、監査の場で計画した再発防止処置を、必要な場合監査チームの協力を得て、実施する。

3.1.2　再発防止処置の効果の確認

再発防止処置の実施後、原則不適合事象の責任部門が適切な時期に処置の効果を確認する。

1）効果の確認時期

効果の確認時期について、個々の不適合事象は夫々原因が異なり、その再発防止処置も異なる。したがって、複数の事例の効果の確認時期を同一時期に予定し実施するのは適切ではなく、面倒でも個々の処置ごとに最適な時期に実施するのが原則である。

認証審査でよく見かける効果の確認時期は、「次回の内部監査で効果を確認する」と内部監査規程で規定されている場合が多々あるが、不適合（重大及び軽微）の場合は、早く処置すればする程その処置の効果が大きくなるため可能な限り早く処置し、その効果を確認すべきである。

また、効果の確認は、発生原因、放置原因及び流出原因の夫々に対して取った全ての再発防止処置について行う。

当然の事ながら、効果がなければ再発防止処置を取ったことにはならず、予定した効果が確認できるまで繰り返し新たな処置を実施する。

2）効果の確認の完全性

効果の確認は、原因の究明と同様費用対効果を考え、適切な程度の正確性及び完全性を確保すれば良い。

（参考）

適用規格10.2.1項「是正処置は、検出された不適合のもつ影響に応じたものでなければならない。」と規定している。

したがって、効果の確認は、必ずしも同種の物（製品）、同使用環境、同作業者及び同発生状況で確認する必要はない。費用対効果を考え、関係者が再発防止処置により、再発の可能性がない、又は少ないと判断できれば、手離れ（完結までの管理及び手間の掛からない）の良い確認方法を選ぶ。

3.1.3 再発防止処置の歯止め（標準化）

再発防止処置の結果、製品、工程又はシステムの品質（QCDSE）が改善できた場合、その改善内容を標準化し、再び改善前の状態に戻らないようにするため、何らかの歯止めが必要である。

歯止めの手段として、標準手順書及び日常点検表等で文書化し、日常の業務の遂行時、及び毎回の内部監査等で実施状況を確認し、改善した手順の定着を確認する。

仕組み（可視化した規程及び手順書等）の忠実な実行を通してのみ、その利点及び弱点が明確になり、次の改善（一段レベルの高い改善）に繋がる。

但し、組織の歯止めのレベルが向上するにつれ、手順書及び帳票等文書類は自然に増加する、常に文書類の廃統合及び削減を心掛ける必要がある。

3.1.4 再発防止処置の日常習慣化

再発防止処置（改善）を日常業務で実施し、日常習慣化することによりその改善の効果が定着する。

(1) チェックリストの活用

設備の日常、月ごと及び年ごと等の点検表並びに組織の年間スケジュール表等チェックリストを活用して定着（日常習慣化）を図る。

(2) 内部監査の活用

監査チェックリストに必要な点検内容を盛込み、内部監査時に実施状況を確認し、定着の程度を確認し、必要な処置を講ずる。

(3) 組織の監視活動の活用

安全パトロール、品質パトロール、QCサークル活動及びKY運動等の組織の監視・改善活動を活用して定着程度を確認し、必要な処置を講ずる。

各々のチェックリストには、必要な点検項目・内容・時期・評価基準等を盛込む。

(4) 顧客の工場監査及び認証機関の審査の活用

顧客の工場監査又は認証機関の審査前、例えば監査又は審査の開始会議で、特に確認を希望する事項、業務・作業を顧客の監査員又は認証機関の審査員に提案し、確認を依頼する。

要点：改善の成果は「日常習慣化」の徹底とその持続で決まる。

3.2 提案（弱点）の改善
3.2.1 改善計画の実施
　改善の担当部署は、監査の場で設定した改善計画に基づき改善を実施する。担当部署は、定期的な進捗管理、適時の計画の見直し及び新規施策の追加等計画の進展に応じて必要な処置を講ずる。

3.2.2 改善効果の確認
　改善の終了後、適切な時期にその改善の効果を確認する。
効果の確認時期は、再発防止処置の場合と同様改善が早ければ早い程改善効果が期待できるが、緊急を要しない場合、改善の効果確認の効率を考慮し、次回の内部監査等で纏めて確認するのも妥当な方法である。
なお、目標とした効果がなかった場合、再度改善計画を策定し、目標の改善効果が達成できるまで改善を繰り返す。

3.2.3 改善の歯止め
　再発防止処置の歯止めと同様、歯止めの手段として、改善を標準化し、手順書及び帳票等で文書化し、日常の業務遂行時又は毎回の内部監査等で実施状況を確認し、改善した手順等の定着を確認する。
繰り返しになるが、仕組み（手順）の忠実な実行を通してのみ、その利点又は弱点が明らかになり、一段レベルの高い改善が可能となる。

3.2.4 改善の日常習慣化
　3.1.4項「再発防止処置の日常習慣化」参照。

表 3-3-01　指摘課題とその処置

次の表により、指摘課題（不適合と提案）に対する主な処置（再発防止と現品処置）を明確にする。

指摘課題		処置					
		再発防止処置				現品の処置	
不適合	重大不適合	原因の究明	原因の除去	効果の確認	水平展開	現品処置	水平展開
	軽微不適合	同上	同上	同上	同上	同上	同上
提案	弱点	同上	同上	同上	同上	N/A	N/A
	強点	N/A	N/A	N/A	同上	同上	同上

（注記）
1) 水平展開を横展開という場合がある。水平展開は、再発防止及び現品の処置の両方に適用する。
2) 現品処置の現品には現品そのもの（1個）及び現品を含むロット又はバッチを含める。
3) 再発防止処置には、不適合又は課題の事象の確認、原因の究明、原因の除去の計画、実施、効果の確認、標準化（歯止め）及び日常習慣化を含む。（全7処置）
4) 提案（弱点）の場合の「原因の除去」を予防処置という。
　　予防処置：不適合等が発生しないよう発生の推定原因を前もって取り除く処置をいう。

Break Time

悠久の地球の姿を見てみよう。（地球史46億年をさかのぼる）

年代	地球の状態
現在	哺乳動物の繁栄
40万年前	人類は、大きな動物を狩っていた
440万年前	二足歩行を始めた頃の猿人は、肉食動物の格好の標的だった（人類出現）
2000万年前	サルたちは、巨鳥が支配する地上をさけ、樹上で暮らしていた
6600万年前	地球全体を厚い雲がおおった死の世界（白亜紀末の恐竜絶滅、小惑星の衝突）
1億5000万年前	温暖な気候の中、巨大な恐竜たちが繁栄していた（超大陸の分裂）
2億1000万年前	恐竜は効率のよい呼吸を行っていた、哺乳類の出現
2億5200万年前	大部分の種が絶滅、地球史上最大の大絶滅（全生物種の90％が絶滅）
3億年前	シダの大森林、70センチの大トンボ、2メートルの巨大ムカデ（大森林時代）
3億6000万年前	上陸するときに必要だった体の大改造－脊椎動物の上陸－両生類の出現
4億年前	植物が陸上に進出、水辺に広がった、陸上昆虫の出現
5億1000万年前	奇妙な姿の生物たちが海中で大繁栄（カンブリア大爆発）
5億6000万年前	構造が独特な、やわらかな動物たち
6億3000万年前	ミクロの世界でおきた大進化－多数の細胞が集まった生物の出現
6億5000万年前	地球は、厚さ1キロメートルもの氷におおわれた（全球凍結）
9億年前	超大陸ロディニアが出現した（陸地が増加）
21億年前	細胞内の大改造、真核生物の出現
22億年前	地表は氷でおおわれ（全球凍結）、青空が広がっていた
27億年前	大気に酸素はなく、空は赤かった
35億年前	あらゆる生物の先祖が、海底の熱水噴出孔で生きていた？
38億年前	地球に生命が生息できる環境が整った（海や地球磁場が誕生）
45億3300万年前	月が誕生し、地球の運命が変わった（火星サイズの天体が衝突）
45億5000万年前	地球はドロドロに溶けた分厚いマグマにおおわれていた（マグマオーシャン）
45億6000万年前	無数の微惑星が衝突、合体し原始の惑星が成長し始めた（原始惑星の成長）
45億6700万年前	微惑星どうしの最初の衝突、地球史が始まった

（Newton別冊『地球と生命46億年のパノラマ』（株）ニュートンプレス）

第4章 現品の処置及び水平展開

この章では、不適合品の現品処置及び水平展開を解説する。

監査で確認された不適合事象に係る不適合品（製品、部品及び材料等）がある場合、当該不適合品について組織で規定の「不適合品報告書」を発行し、修正を含む現品の処置及び必要な範囲の水平展開（横展開）を行う。
これらの処置は、原則被監査部署が不適合原因の究明後実施する。

4.1 修正を含む現品の処置
1）不適合品の処置権限

不適合品の処置の決定権限について、品質保証部署がある組織では品質保証部署の責任者、品質保証部署のない組織では、技術部署等の責任者にその権限の所在を明確に決めておく。
特別採用の決定は、先ず、社内の決定権限者（品質保証部署長等）が「特別採用」を承認し、さらに、顧客への特別採用申請の要否を判断し、必要な場合は、顧客へ申請する。
顧客への特別採用の申請の要否は、不適合の事象が顧客の仕様（設計）決定の権限範囲内にあるか否かで判断する。言い換えれば、顧客の要求内容に抵触する場合は申請が必要でそれ以外は組織の判断で処置が可能である。
例えば、一般的に顧客の要求仕様である製品の外観、形状、強度等機能に関する場合は、顧客への申請が必要であり、顧客から加工方法が指定されていない場合は、製品の加工方法に関する内容は組織で処置の判断が可能である。
但し、工程承認等で加工工程が顧客から承認され、工程及び加工方法が規定（固定）されている場合は、その工程承認の範囲内にあるか、又は範囲外であるかにより判断する。
また、製品に組み込む部品を組織で設計した場合は、その設計部品に係る処置（例えば、形状及び材質等の変更）の判断は組織で可能である。

2）不適合現品の処置

現品の処置には、破棄、修正、転用、特別採用及び当該品の供給元へ返却がある。
破棄：他の用途を含め、有用な製品としては使用せず、廃材としてリサイクル又は最終処分（焼却又は埋土）すること。
修正：本来の意図した用途に使用できるよう現品を手直し（加工）すること。
修正を施した場合は、正規品と同じ元の要求事項の基準での再検証が必要である。
転用：本来の意図した用途には使用せず、機能等の要求レベルの異なる用途、又は、他の

機能の用途に使用すること。
特別採用：修正等の処置を施さず不適合の状態のまま使用すること。
返却：供給元へ不適合品として返却すること。
修正、転用及び特別採用は、原因の究明後その製品の不適合（欠陥）現象が組立品等関連製品に及ぼす影響を考慮し、その処置を決定する。
特別採用の場合は、上述のように顧客又は組織の何れに仕様（設計）決定の権限があるかに注意を要する。
表 3-4-01「不適合品の処置」参照。

4.2 水平展開の要否と展開範囲

水平展開は、製品（部品及び材料）、製造方法（工程）及びシステムについて考慮する。水平展開の範囲は、次の要素の類似性を考慮し、同様不適合の発生の可能性を基に合理的に決定する。
水平展開も再発防止処置と同様、発生の確率を含む費用対効果を基に判断する。
費用対効果：水平展開をしなかった場合の不適合の発生による損害（信頼の喪失を含む）費用÷水平展開に係る費用
例えば、不適合が発生した製品と材質、形状及び加工方法等が類似している製品がある場合、その製品にも同じ不適合が発生する可能性があり、水平展開し、その類似製品にも同様の再発防止処置を適用し、当該不適合製品（当該品のロットを含む）の処置を行う。

水平展開に関して、考慮すべき要素

次の要素を考慮し、その要素に類似性があれば水平展開の要否を検討する。
(1) 物品：外観、形状、材質（成分、硬度、処理状態等）等物に付随する特性。
(2) 使用条件：温度・圧力・張力等の使用条件、腐食又は砂塵等の使用環境、使用頻度及び使用期間等機能に付随する特性。
(3) 製造方法：加工方法、製造工程、使用設備・機械、製造環境等製造方法に付随する特性。
(4) 評価方法：検査・試験方法、使用検査機器、検査標準試料・薬剤、検査環境等評価方法に付随する特性。
(5) 作業者、検査・試験員：同一人物、同レベルの力量保有者、同様経験者、同様教育・訓練受講者、同様身体能力（視力、聴力、注意力等）保持者等作業者に付随する特性。

表 3-4-01　不適合品の処置

不適合原因の究明後、その製品の不適合が関連製品の機能に及ぼす影響を考慮しその処置を決定する。

番号	処置	内容
1	破棄	本来の意図した用途及び他の用途を含め、有用な製品としては使用せず、廃材としてリサイクル又は最終処分（焼却又は埋土）すること
2	修正	本来の意図した用途に使用できるよう現品を手直し（加工）すること。修正をした場合は、正規品と同じ元の要求事項の基準での再検証が必要である
3	転用	本来の意図した用途には使用せず、機能等の要求レベルの異なる用途、又は他の機能の用途に使用すること
4	特別採用	当該品（当該品のロットを含む）の使用に限り、修正等の処置を施さず不適合の状態のまま使用すること
5	返却	購買品又は顧客等からの支給品は、現品を不適合の状態のまま購買品の提供元又は顧客へ返却すること

（注記）
不適合品の処置には、当該不適合品に加え、当該不適合品を含むロット（又はバッチ）が対象となる場合がある。

Break Time

「春望」　盛唐の詩人 杜甫（712-770）
国破れて山河有り　城春にして草木深し
時に感じて花にも涙を濺ぎ　別れを恨んで鳥にも心を驚かす
烽火三月に連なり　家書 万金に抵る
白頭掻けば更に短く　渾て簪に勝えざらんと欲す

「春暁」　盛唐の詩人 孟浩然（689-740）
春眠　暁を覚えず　処々に　啼鳥を聞く
夜来　風雨の声　花落つること知んぬ多少ぞ

「静夜思」　盛唐の詩人 李白（701-762）
牀前　月光を看る
疑うらくは是れ地上の霜かと
頭を挙げて山月を望み
頭を低れて故郷を思ふ

「不識庵機山を撃つの図に題す」　『日本外史』の著者 頼山陽（1781-1832）
鞭声粛々夜河を過る
暁に見る千兵の大牙を擁するを
遺恨なり十年一剣を磨く
流星光底長蛇を逸す

（『声に出して読みたい日本語』齋藤孝、草思社）

第4編　改正規格（JIS Q 9001：2015）に対する内部監査

　第4編では、第1章で今回の改正による主な改正点及びその監査の視点を解説し、第2章で改正により新たに追加された要求事項に対する監査の視点を解説する。

第1章　改正規格の主な改正点とその内部監査

この章では、今回の改正による主な改正点及びその監査の視点を解説する。
今回の主な改正点は、改正規格（JIS Q 9001:2015）の付属の「解説」の3項「主な改正点」に記述の通り、次のa）〜j）の10点である。

a）組織の状況に応じた品質マネジメントシステム（改正規格の4.4項）

組織内外の課題を明確にし、顧客を含む利害関係者のニーズ及び期待を理解し、これらに基づき、その適用範囲を定め、組織の状況に合った自立的な品質マネジメントシステム（以下QMSという）を構築すること。
組織は、事業環境の変化及び組織の現状に合わせ、適時QMSの必要な変更、改善を行い運用し、運用の結果からさらに改善し、再び運用するという管理のサイクル（G-PDCA）を回し、組織の自立的なQMSを構築し、発展させ運用する。

監査の視点

組織及び部署の内外の課題、利害関係者（顧客）のニーズ及び期待を認識した上でのQMSの構築、並びに、これらに基づく品質方針及び目標の設定、さらに目標達成計画の策定への流れが確認できれば良い。
各部署の管理レベルに合わせた自律的なQMSの運用及び継続的な改善を支援する。
（参考）改正規格の4章〜6章の流れ
　4章で事業環境及び組織の状況を把握し、これに基づいて5章で品質方針を設定し、その実現のための品質目標及び達成計画を6章で立て、組織の事業目的を達成する。

b）事業プロセスへの統合（改正規格の5.1.1 c）項）

QMSが、組織の事業目的の達成に、より貢献できるよう、トップマネジメントに対して、QMSの有効性に説明責任を負うこと及びQMSの活動と組織の事業活動とを統合することが新たに追加要求された。
組織は、QMSに係る活動と組織本来の事業活動との乖離及び重複した活動の有無を確認し、乖離及び重複があれば改善する。（ダブルスタンダードの排除の徹底）

規格の条文「QMSの有効性に説明責任を負う」を次のように解釈する。
（1）QMSの有効性に対して最終的な責任を負う。
（2）QMSの運用の結果、目標の達成（有効性）状況の理由（根拠）、今後の計画及び今後の課題を含め説明する責任を持つ。また、QMSの運用が有効でなかった場合、その

理由（原因）を説明し、何らかの改善策を既に実施している旨の説明をする責任を持つ。当然、QMSの運用の結果に対する全責任を負う。

監査の視点

　QMSと事業プロセスとの統合の程度を品質目標の設定過程及び目標の内容、部署の機能及び活動のための文書類及び記録類の重複、QMS活動の成果と事業活動の成果の乖離の有無、並びに、内部監査及びマネジメントレビューの実施内容と事業活動との関連の密接性を確認し、不足であれば指摘する。

c) 品質に関連するパフォーマンスの評価についての要求の明確化（改正規格の9項）

　QMSの総括的な見直しの場である9.3項マネジメントレビューにおいて、QMSのパフォーマンス、プロセスのパフォーマンス及び外部提供者のパフォーマンスのレビューが要求されている。
組織は、QMSの運用成果、プロセスの活動成果及び外部提供者の当組織への貢献度を夫々適時評価し、マネジメントレビューにおいて総括する。

監査の視点

　QMSのパフォーマンスのみならず、製品品質に係るパフォーマンスへの関与を確認し、支援する。
マネジメントレビューへのインプットとしての認識とそのレビュー、及びレビューからのアウトプットへの展開を確認する。
品質に係るパフォーマンス：製品/サービスの要求事項への適合及び品質の向上、並びに顧客満足の向上。
（参考）QMSのパフォーマンスには次が含まれる。
（1）製品及びサービスの要求事項への適合。
（2）顧客満足の向上。
（3）プロセスのアウトプットの要求事項への適合及びプロセスの目的に対する達成度。
（4）内部監査及びマネジメントレビューでの指摘によるQMSの改善。

d) プロセスアプローチの採用の促進（5.1.1 d) 項）

　トップマネジメントのリーダーシップ及びコミットメントの実証要求の一部として、初めてプロセスアプローチの採用の促進が、規格要求事項として規定された。
プロセスアプローチを採用し、システムを構成する各プロセスの相互関係及びプロセスとシステムとの相互関係を体系的に理解することにより、システムを効果的に運用し、シス

テム及び各プロセスのパフォーマンスを向上させることができる。
組織は、プロセスアプローチの考え方及びその利用を促進する。

監査の視点
事業活動の全体像を理解し、当該業務又は活動の機能（役割）を全体最適の視点で評価し、部署を支援する。（全体最適化）

e）リスク及び機会への取組み（改正規格の6.1項）
組織の内外課題及び顧客を主とする利害関係者の要求事項等組織の状況の理解を基に、リスク及び機会を決定し、リスクの低減、除去及び機会の有効活用に取り組む。また、リスク及び機会への取組みを品質目標の設定及びその達成計画に展開し、実施し、その取組みの有効性を評価する。
組織は、リスクを低減し、除去し、機会を活かす取組み（取組み事項、実施方法、責任者、期限、実施結果の評価と今後の課題等）を行う。

監査の視点
事業活動におけるリスク及び機会の認識及びそれらへの取組みを確認し、目標管理及びその他の計画に展開され、活動されておれば良い。（リスク及び機会の取組みにおけるG-PDCAの確認）また、マネジメントレビューのインプットとして認識されていること。
（参考）
リスク：組織の目的の達成に対して、想定される好ましくない未来の事象。（事実と現象）
機会：組織の目的の達成に対して、想定される好ましい未来の事象。（事実と現象）
　　（著者の見解は、『ISO 9001:2015 要求事項の解説とその有効活用』第2編第6章6.3項表6-01による）

f）一層の顧客重視（改正規格の5.1.2項及び9.1.2項等）
改正規格の5.1.2項及び9.1.2項、並びにその他の項で旧規格に比較し、顧客をより重視し、関連する施策の確実な実施及びその評価が要求されている。
組織は、顧客重視及び顧客満足の向上のための活動を実施し、その活動成果を評価する。

監査の視点
顧客満足の継続的な向上についての考え、施策、活動及び実績等を聞き、顧客重視の姿勢を確認する。
品質パフォーマンスの両輪（製品/サービスの適合性と顧客満足の向上）への認識を支援

する。

g) 組織の知識の明確化 (改正規格の7.1.6項)

QMS及びそのプロセスの運用、並びに製品及びサービスの要求事項への適合を確実にするために、組織の共有知識として、組織の事業活動に必要な管理技術・知識及び固有技術・知識を明確にし、常に利用可能な状態に管理する。
組織は、「組織の知識」の特定、収集、保管、利用及び知識の更新を行う。

監査の視点

組織及び部署の共有知識への認識、知識（知識を示す文書・記録・文献類）の概要、利用可能性（保管、検索の容易性等）、知識のメンテナンス（漏洩防止、陳腐化防止及び更新）及び知識媒体の劣化防止等の状況を確認し、常識的に判断する。

h) ヒューマンエラーへの取組み (改正規格の8.5.1 g)項)

製品の製造及びサービスの提供過程におけるヒューマンエラーの防止への取組みが、要求されている。
組織は、ヒューマンエラーの発生を防止するための取組みを行う。
ヒューマンエラー：人に本来備わっている本能、習性、習慣等に基づく標準からの意図しない逸脱（うっかり忘れ、勘違い等の失敗）をいう。

監査の視点

ヒューマンエラーの防止への認識及びその取組みを確認する。
ヒューマンエラーの発生範囲・事態は広く、その事象は複雑で皆無にすることは、きわめて困難である。
柔軟な視点での評価及び指摘には常識的な判断が望まれる。
変化点管理、なぜなぜ運動、自働化、QC七つ道具及びQC的問題解決法等の利用。
・変化点管理：5M1Iの変更による不適合の発生を予防するための活動。
製造現場では変更内容（材料、作業者、設備及び方法等）を看板に表示し、関係者の注意を喚起し、不適合の発生を未然に防いでいる。

i) 文書類及び責任・権限に対する一層の柔軟性 (改正規格の5.3項及び7.5項)

旧規格で要求のあった品質マニュアル、6件の手順の文書化及び管理責任者に対する要求がなくなり、また、旧規格での「文書化された手順」及び「記録」の表現が、「文書化した情報」に統一され、次の表現に変更された。

・文書を示す表現：文書化した情報として維持する
・記録を示す表現：〜の証拠として、文書化した情報を保持する

要求事項及び内容が規格の記述表現上緩和され、組織の自由度が広くなったが、一方、組織自らが、必要とする文書化した情報及び責任・権限を決定し、自律的にQMSを運用し、維持することが求められた。

組織は、組織内外への影響を考慮し、組織の裁量で文書及び記録の管理を行う。

文書及び記録の種類、内容の詳細さ、記述表現、文体及び保管期限等はその目的に対して合理的に決める。

<u>監査の視点</u>

　文書及び記録類の作成、運用及び管理について、部署の自律性は尊重するが、部署運営に係る指示、手順、証拠記録等に関するある程度の、又は最低限の文書・記録類は必要と考え、指導・支援する。

<u>j）サービス分野への配慮（改正規格の全般）</u>

　「製品」を「製品及びサービス」、「作業環境」を「プロセスの運用に関する環境」、及び「監視機器及び測定機器」を「監視及び測定のための資源」への変更等、記述表現の全般に亘りサービスの提供に配慮した内容となった。

製造業の組織では、対応は不要である。

Break Time

「坂本竜馬　詠草　和歌」　　坂本竜馬（1835-1867）

嵐山夕べ淋しく鳴る鐘に
　　　　　こぼれそめてし木々の紅葉

ゆく春も心やすげに見ゆるかな
　　　　　花なき里の夕暮れの空

世と共にうつれば曇る春の夜を
　　　　　朧月とも人は言ふなれ

又あふと思ふ心をしるべにて
　　　　　道なく世にも出づる旅かな

藤の花今をさかりと咲きつれど
　　　　　船いそがれて見返りもせず

世の人はわれをなみともゆはばいへ
　　　　　わががなすことはわれのみぞしる

　　　　　　　　　（『竜馬の手紙』宮地佐一郎、講談社学術文庫）

第2章　改正規格の新たな要求事項に対する内部監査

　この章では、第1章と一部重複するが今回の改正規格（ISO 9001:2015）で新たに追加された主な要求事項に対する監査の視点を解説する。

1．改正規格4.1項「組織及びその状況の理解」

　この項の要求要旨は、組織内外の課題を明確にし、その課題に関連する情報を監視し、その情報に基づき、組織内外の課題を適時見直すことである。
組織は組織の目的を達成し、組織の安定的な発展を維持するために、その事業環境及び顧客要求事項等の変化に伴う組織内外の課題を見直し、事業活動を再計画し、組織内外の課題に適切に対応することが求められる。

監査の視点

　監査では、部署の事業活動に関連する課題に絞り、経営層及び部署の管理者層がそれぞれの課題を認識し、共有し、夫々の役割（責任と権限）に応じた計画的な対応をしているか否か、さらにその対応が適切か否かを確認し、改善の余地があれば指摘する。
監査の方法は、対象者への面談、並びに部署の方針及び目標設定を含む目標管理及びマネジメントレビュー等の活動を確認する。

2．改正規格4.2項「利害関係者のニーズ及び期待の理解」

　この項の要求要旨は、利害関係者とその利害関係者の要求事項を明確にし、これらに関連する情報を監視し、その情報に基づき、当該の利害関係者及びその要求事項を適時見直しすることである。
　組織にとっての主要な利害関係者は、従業員、協力会社、顧客、地域社会、業界団体及び国・県・市町村等行政機関である。夫々の利害関係者の要求事項に関連する情報を常に監視し把握しておく。
顧客の要求事項は、顧客との契約書（仕様書及び図面等）で明確にされ、改訂されれば改訂版が提供されるが、行政機関の場合は法令及び条例等で明確であるが、法令及び条例等は一方的に改正される。組織（これら法令等の使用者）は、仕組みとして改正情報の定期的な確認及び収集が必要である。

監査の視点

　監査では、従業員、協力会社、顧客、地域社会、業界団体及び行政機関等その利害関係者の特性を考慮した情報の確認、収集及び適用の要否判断、さらに要求事項に対する対応

が適切であるか否かを確認し、改善の余地があれば指摘する。

3．改正規格 6.1 項「リスク及び機会への取組み」

　この項の要求要旨は、事業活動における「リスクと機会」を決定し、それに取り組むことである。
組織の内外課題の解決及び利害関係者の要求事項への適合のため、製品及びサービスの要求事項への適合に係わる「リスクと機会」を明確にし、リスクの排除及び軽減、並びに機会の有効活用を図る。

監査の視点

　監査では、部署のその時点でのリスク及び機会の把握、共有、計画的かつ具体的な取組みの適切性、さらにその取組み結果の妥当性を確認する。

4．改正規格 6.2 項「品質目標及びそれを達成するための計画策定」

　この項の要求要旨は、品質目標の設定とその目標を達成するための計画（実行計画）を作成することである。
実行計画は、目標達成に必要な具体策（必要な範囲の5M1I及び6W2Hの設定）を決定し、目標達成のための道筋を可視化するものである。実行計画の内容の優劣が目標の達成度を左右する。

監査の視点

　監査では、部署の目標の設定、達成のための具体的な施策、進捗確認の時期及び達成度の評価基準の設定等実行計画の適切性、さらにその達成度（率）の妥当性を確認する。
即ち、目標の達成活動に関してG-PDCAが回っていることを確認する。
・目標（G）：組織目的の達成過程の一里塚として、達成の可否判定が可能であること。
・施策（P）：施策は、具体的（5M1I及び6W2Hの設定）であること。
・進捗確認（D、C）：計画の責任者が、適切な時期に確認し、適時、必要な処置をとる。
・評価（A）：目標達成の評価、基準及び評価時期を明確にしておく。

5．改正規格 7.1.6 項「組織の知識」

　この項の要求要旨は、組織に固有な知識・技術（ノウハウ）を明確にし、整理、保管し、適時更新し、常に利用できる状態に維持することである。

> 監査の視点

　監査では、部署の知識としての対象（部署にとり有用な文書類、活動記録、文献資料及び試料類等）、その収集と整理の方法（文字及び電子データ、ファイルの保管等）、検索及び利用方法、知識の更新、保護及び廃棄方法等、並びにその利用状況が適切であるか否かを確認する。適切でない場合は、改善案を提示し、指摘する。

6．改正規格7.5項「文書化した情報」

　この項の要求要旨は、文書及び記録等情報の適切な管理である。
業務遂行の仕組みの文書化は「仕事の見える化」であり、業務の進捗管理が容易になり、かつ、業務の改善点が明確になる。特に事務部門の業務の改善に効果的である。
情報の文書（文書及び記録）化は常に必要最小限にする。
例えば、作業手順書等の文書化を文書の代わりに作業者への教育・訓練で補い、文書を少なくし、文書化と教育・訓練との相互補完を考慮する。

> 監査の視点

　監査では、情報（文書及び記録等）の内容及び使用の正確性及び機密性（情報の漏洩、損傷及び喪失の可能性）、並びに使用者にとっての利便性（検索及び利用が容易）を確認する。

7．改正規格8.3項「製品及びサービスの設計・開発」

　JIS Q 9000:2015 3.4.8項「設計・開発」による設計・開発の定義は、「対象に対する要求事項を、その対象に対するより詳細な要求事項に変換する一連のプロセス」である。
2008年度版に比較し、「設計・開発」の対象範囲がより広くなる定義となっている。
設計・開発の適用については従来より種々の考え方がある。内部監査では字句の通り、製品の設計・開発を対象とすればよい。
製品以外の対象（例えば、組織内で治具として使用する金型の設計及び工程設計等）について設計・開発を適用するか否かはその対象の責任部門の判断に任せる。
一般の企業では、常識的に、次の製品の研究・開発及び製品設計に適用するのが妥当ではないだろうか？
　―製品の企画（市場調査、事業採算計画、販売・上市計画等）
　―研究・開発（技術資料調査、研究・開発計画、試作等）－設計・開発を適用
　―製品設計（概要設計、意匠設計、詳細設計、図面作成等）－設計・開発を適用
　―製造（生産計画、工程設計、設備計画、人員計画、検査・品質保証計画等）
　―販売

(参考)

規格要求事項の「設計・開発」の適用の考え方及びこれまでの適用の変遷については、巻末の参考資料リストの番号14『ISO 9001:2015 要求事項の解説とその有効活用』の第2編第8章8.3項の7.参考を参照されたい。詳しい解説がある。

監査の視点

監査では、上記の製品の研究・開発及び製品設計の工程を8.3項の規定に準じて監査する。

8．改正規格 8.5.1 f) 項「製造工程の妥当性確認」

「製造工程の妥当性確認」については、ISO規格が改正される都度、その要求内容、解釈及び適用の考え方が変更、かつ拡大され、その扱いが困難な要求事項である。

2000年12月20日に制定された、JIS Q 9001:2000 規格の7.5.2項「製造及びサービス提供に関するプロセスの妥当性確認」について、当該規格に付属の「解説」では、「いわゆる"特殊工程"の管理に関する要求事項である。」との解説があったが、2008年12月20日改正の2008年度版（JIS Q 9001:2008）に付属の「解説」では、プロセスの妥当性確認についての記述がなく、規格の解釈上は、2000年度版の解釈が2008年度版にも継続していると判断できる。
また、2000年度版及び2008年度版共、規格本体の当該項目の「製造及びサービス提供に関するプロセスの妥当性確認」の記述内容において字句の少しの変更はあるが、主旨には全く変更はない。
したがって少なくとも、2015年度版の発行までは、プロセスの妥当性確認は、特殊工程の管理と考えるのが妥当である。
一方、2008年度版の発行以降、著者の知る限り、プロセスの妥当性確認の解釈及び適用が拡大されている。著者の知るある日本の大手認証機関では、設計・開発の適用と共にプロセスの妥当性確認の適用を認証登録の条件と義務付けていた。
製造工程の妥当性確認については、規格の要求及び解釈も一貫しておらず、また種々の意見があり、組織の業種、規模及び認証機関により異なり、統一した対応ではなかった。
今回のよりあいまいな記述表現となった2015年度版の発行により、今後この傾向はさらに進むことだろう。
著者の見解は、所謂、特殊工程、プラスチックの射出成型のような条件設定及びNC加工機のプログラミングの必要な工程、並びに使用してみなければその性能が確認できない車のエアバック及び消火器等の製造工程をその管理の対象とする。さらに、プロセスの妥

当性確認の適用による対象組織及び一般社会へ及ぼす利点の有無を判断の基準にし、対応は柔軟であるべきと考える。
航空・宇宙産業では、従来、特殊工程として扱われていたのは次の工程であった。
特殊工程：熱処理、溶接、接着、塗装、化学表面処理、メッキ、並びに、放射線探傷検査（RT）、超音波探傷検査（UT）、磁粉探傷検査（MT）、及び浸透探傷検査（PT）の非破壊検査。

監査の視点

監査では、原則、特殊工程及びそれに準ずる工程（使用して初めて良否の結果が判明する製品の製造工程等）に限り適用し、その管理の適切性を確認する。
重要な点は、経年変化する設備（老朽化）及び身体能力の低下等に係る工程の妥当性を定期的（半年又は毎年等）に再確認することである。

9. 変更管理

変更管理は、製品の品質保証上大変重要である。
改正規格が要求している変更管理は次の5ヶ所である。
・6.3項「変更の計画」（QMSの変更）
・8.1項「運用の計画及び管理」（運用計画の変更）
・8.2.4項「製品及びサービスに関する要求事項の変更」（契約内容の変更）
・8.3.6項「設計・開発の変更」（設計変更）
・8.5.6項「変更の管理」（製造工程及びサービス提供工程の変更）

監査の視点

監査では、変更の目的（理由）、変更の前後の内容、変更内容の適用時期、変更の可否判断（承認）、手順書等への変更の反映及び変更に係る記録の適切性について確認する。また、手順書等規程類と記録類の相互間のトレーサビリティー（追跡可能性）が確保されているか否かを確認する。

図表リスト

編	章	図の番号	標題	表の番号	標題
第1編	1章	1-1-01	内部監査の宿命		
		1-1-02	内部監査の課題と提案		
	2章				
	3章			1-3-01	用語の定義
第2編	1章	2-1-01	内部監査の実施組織	2-1-01	内部監査の場による効果の比較
				2-1-02	内部監査の場での監査の手順
				2-1-03	内部監査での役割
				2-1-04	監査員に求められる個人的資質及び監査力量
				2-1-05	附属書D（参考）望ましい個人の行動
	2章	2-2-01	3監査の相互関係	2-2-01	監査の種類
				2-2-02	内部監査とその対象
	3章	2-3-01	製品監査の視点－AL合金溶接オイルタンク	2-3-01	3検査と3監査
				2-3-02	製品監査チェックリスト
	4章	2-4-01	工程監査の視点－塗装工程	2-4-01～09	（特殊工程等のチェックリスト）
		2-4-02	工程監査の視点－在庫管理		
	5章	2-5-01	システム監査の視点－外注管理	2-5-01	システム監査チェックリスト－外注管理
				2-5-02	購買担当者の心得
	6章	2-6-01	トレイル監査		
		2-6-02	製品の加工の流れとトレイル監査での主要な確認事項		
	7章	2-7-01	目標監査の手順	2-7-01	実行計画表（品質目標管理表）
				2-7-02	実行計画表（目標管理・進捗管理表）
				2-7-03	目標監査のチェックリスト－目標
	8章			2-8-01	監視及び改善活動と3監査の関係
				2-8-02	「KY運動」様式
				2-8-03	内部監査の活性化法
				2-8-04	KY運動（リスクアセスメント方式）例
第3編	1章	3-1-01	内部監査の課題とその解決	3-1-01	監査の工程
				3-1-02	監査の創造
				3-1-03	監査の切り口
	2章			3-2-01	監査開始会議及び終了会議での確認事項
				3-2-02	内部監査で検出する課題の定義
				3-2-03	再発防止処置及び改善の手順
				3-2-04	発生原因と原因の究明手法
	3章			3-3-01	指摘課題とその処置
	4章			3-4-01	不適合品の処置
第4編	1章				
	2章				
図表					図表リスト
索引					用語索引（五十音順）
参考資料					参考資料リスト

用語索引（五十音順）

行	項目 頁	行	項目 頁
あ	維持目標　121 受入検査　57 ABC 管理　82	た	第一者〜第三者監査　53 挑戦目標　121 特殊工程　182 トレイル　110 トレイル監査　24, 114 トレーサビリティ　112
か	改善　21 可使資源　26 課題　34 監査　16 監査員　33 監査チーム　34 監視　18 完成品検査　57 QC ストーリーのステップ　34 QC 七つ道具　34 QCDSE　34 客観性　40 CAPD サイクル　122 KPI　122 形態管理　106 検査　18 検査・試験の信頼性　72 検証　20 効果　xiv 工程監査　23 工程内検査　57 工程の効率　72 工程の信頼性　72 公正　40 公平　40 公平性　40 効率　xiv 5M1I　34	な	内部監査事務局　33 内部監査責任者　33
		は	発生原因　161 判定　20 被監査部署　34 評価　20 PDCA サイクル　121 ビジョン　121 ヒューマンエラー　175 文書、文章、文　30 プロセス　26 プロセスの構成要素　26 ペア対応の原則　82 変化点管理　175 方針　121 放置原因　161
		ま	マネジメントシステム　25 目的　121 目標　121
		や	予防処置　165
さ	再発防止処置　21 作業　27 試験　18 システム　26 システム監査　23 出荷検査　57 新 QC 七つ道具　34 審査　16 信頼性　xiv 実行計画　121 水平展開　168 制度疲労　2 製品監査　23 製品検査　57 制約条件　26 測定　18 是正　21 是正処置　21 寸法・形状安定化　61 寸法効果　62	ら	リスクと機会　174 流出原因　161 レビュー　20 6W2H　34

参考資料リスト

番号	資料名	発行日	著者	発行所
	規格			
1	JIS Z 9901:1994 「品質システム－設計、開発、製造、据付け及び付帯サービスにおける品質保証モデル」に付属の参考「品質管理と品質保証の規格－用語」	1994.12.1	原案作成者： （一財）日本規格協会 審議者： 日本工業標準調査会 （以下同じ）	（一財）日本規格協 （以下同じ）
2	JIS Z 9901:1998 「同上」	1998.9.20		
3	JIS Q 9000:2000 「品質マネジメントシステム－基本及び用語」	2000.12.20		
4	JIS Q 9000:2006 「同上」	2006.5.20		
5	JIS Q 9000:2015 「同上」	2015.11.20		
6	JIS Q 9100:2016 「品質マネジメントシステム－航空、宇宙及び防衛分野の組織に対する要求事項」	2016.9.20		
7	ISO 19011:2018 「マネジメントシステム監査のための指針」	2018.7.3	（JIS版は2019年5月頃発行予定）	
8	JIS Z 8301:2008「規格票の様式及び作成方法」	2008.6.20		
9	DSP Z 9008(1)「品質管理等共通仕様書」	2016.3.17	防衛省	同左
10	MIL Q 9858 Amend.1 「Quality Management Requirements」	1963.12.16	アメリカ国防総省	同左
	参考図書			
11	対訳 ISO/TS 16949 品質マネジメントシステム－ 　自動車生産及び関連サービス部品組織の 　ISO 9001:2008 適用に関する固有要求事項	2009.8.28	（一財）日本規格協会	同左
12	図解 IATF 16949 よくわかるコアツール	2017.3.30	岩波好夫	（株）日科技連出版社
13	ISO/TS 16949 プロセスアプローチ内部監査のノウハウ	2006.10.1	沖本一宏	同上
14	ISO 9001:2015 内部品質監査の実際	2016.4.20	上月宏司	（一財）日本規格協会
15	ISO 9001:2015 要求事項の解説とその有効活用	2016.11.15	藤原良勝	丸善プラネット（株）
16	KPIで必ず成果を出す目標達成の技術	2017.6.15	大工舎宏、井田智絵	日本能率協会MS
17	図解 KPI マネジメント入門	2016.10.27	堀内智彦	（株）あさ出版
18	改善の教科書	2012.7.2	吉原靖彦	（株）中経出版
	辞書			
19	Oxford Advanced Learner's Dictionary　8th ed.	2013.11.21	Oxford Univ.	同左
20	広辞苑　第七版	2018.1.12	新村出	岩波書店
21	広辞苑　第六版	2008.1.11	新村出	岩波書店
22	大辞林　第三版	2006.10.27	松村明	三省堂
23	デジタル大辞泉	2018.5.18	大辞泉編集部	小学館

（注記）
・IATF:International Automotive Task Force
　　2016年10月にISO/TS 16949からIATF 16949に改正された。
・KPI:Key Performance Indicator　要（かなめ）となる業績評価指標

著者略歴

藤原　良勝（ふじわら　よしかつ）

兵庫県生まれ
大阪大学、米国 Edmonds College 等で学ぶ
米国ボーイング社にて Boeing 767 の推力設計（Propulsion System）及び
BMT（Boeing Material Technology）にて航空材料の防食・腐食研究に従事
現在、株式会社 GIC ジャパン　代表取締役＆ CEO
　　米国 SQA Services, Inc. Associates Sr. Quality Engineer
　　米国 NSF International Strategic Registrations, Ltd. Lead Auditor
　　IRCA/RAB-QSA/JRCA 主任審査員

関連著書
『ISO 9001:2015 要求事項の解説とその有効活用』
　　　　　　　　　　（丸善プラネット 2016）

新時代のマネジメントシステムを標榜する
内部監査の創造

2019 年 6 月 11 日　初 版 発 行

著作者　藤　原　良　勝　　　　　　　　　　©2019

発行所　丸善プラネット株式会社
　　　　〒 101-0051　東京都千代田区神田神保町 2-17
　　　　電話（03）3512-8516
　　　　http://planet.maruzen.co.jp/

発売所　丸善出版株式会社
　　　　〒 101-0051　東京都千代田区神田神保町 2-17
　　　　電話（03）3512-3256
　　　　https://www.maruzen-publishing.co.jp

組版　月明組版
印刷・製本／富士美術印刷株式会社

ISBN 978-4-86345-423-1 C 3034
※落丁・乱丁本はお取替えいたします。